ROSQUINHAS CROCANTES
HUM

ROSQUINHAS CROCANTES
HUM

ROSQUINHAS CROKANTES
HUM

Dr. BACTÉRIA

Um guia para passar sua vida a limpo

ROBERTO MARTINS FIGUEIREDO

ROBERTA BELLUOMINI

ilustrações FERNANDO GONSALES

EDITORA GLOBO

Casa

7 ERROS NA COZINHA 12

UTENSÍLIOS 18
Esponjas e panos, Tábuas de corte, Facas e talheres, Pratos, Panelas, Lixeiras, Pregadores de roupa, Pia

ELETRODOMÉSTICOS & CIA 42
Geladeira, Microondas, Fogão, Liquidificador, Garrafa térmica, Batedeira

ALIMENTOS 67
Como manusear alimentos, Como cozinhar com segurança, Como armazenar alimentos, Como descongelar corretamente

LANCHEIRA 77

TECLADO 79

Rua

FÉRIAS 84

Automóvel, Casa no campo, Praia

FESTAS 99

Natal, Churrasco, Páscoa, Festas juninas

ÔNIBUS 128

SALÃO DE BELEZA 131

FEIRA LIVRE 135

Barraca de peixe, Barraca de frutos do mar, Barraca de hortaliças e frutas, Barraca de pastel, Carrinho, Armazenamento

SUPERMERCADO 144

COMPRAS 148

Laticínios, Açougue, Conservas, Ovos, Bebidas, Água, Queijo e vinho

SEUS DIREITOS 168

TESTES 174

GLOSSÁRIO 177

CAÇANDO BACTÉRIAS EM Casa

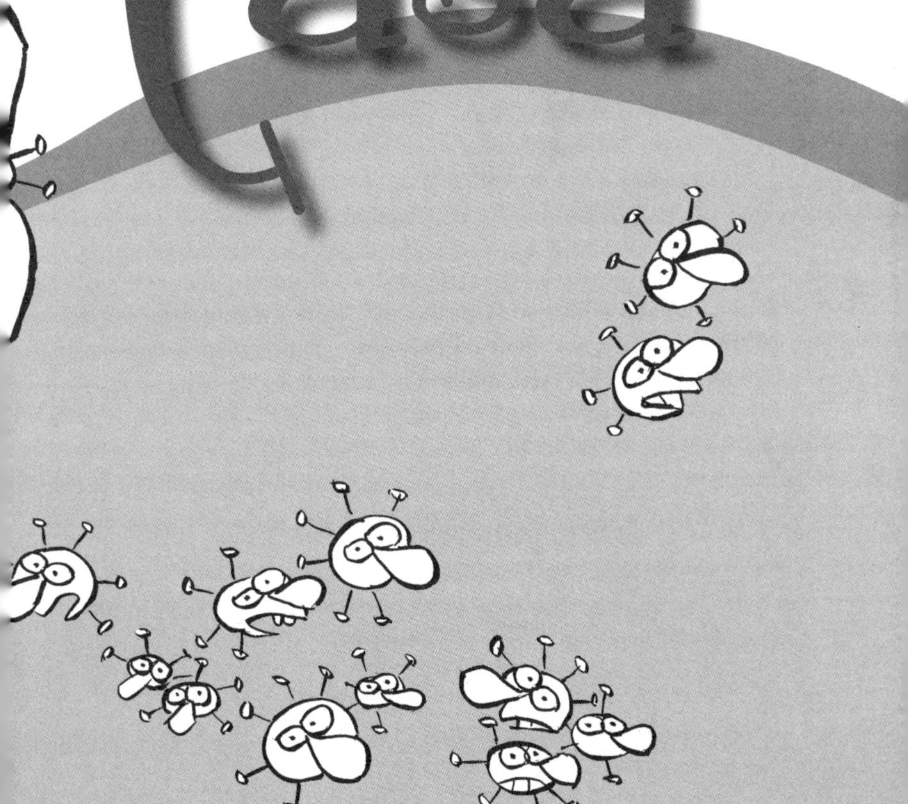

Cozinha

COZINHA

7 erros na cozinha

Não, não, não! Sua casa não pode ser um hotel cinco estrelas para bactérias. É preciso fazer alguma coisa... Mas, calma, você não precisa de lupa, nem de extintor – muito menos de uma bolha para proteger sua família. Basta munir-se de bom senso e fazer uma inspeção minuciosa pelos cômodos.

Vamos lá?

Primeiro: como anda a sua cozinha?

– Limpinha? Um brinco!

Será?

Por mais que tudo aparente estar no seu devido lugar, cozinha é o ponto de encontro preferido das bactérias e o lugar onde elas mais se multiplicam: um verdadeiro laboratório de reprodução de microrganismos dentro de casa!

Duvida? Pois vamos dar um passeio entre panelas, escorredores e toalhas de mesa para ver onde elas se acumulam. Com certeza, vamos encontrar, no mínimo, sete esconderijos onde os micróbios fazem literalmente a festa.

Primeiro criadouro destes execráveis seres unicelulares: a pia!

É onde colocamos, lado a lado, louça suja e embalagens vazias, alimentos recém-lavados e... a lixeira onde vão os dejetos menores: tampas, rótulos, fósforos, bagaços.

Pois a idéia é tão imprópria que desconfiamos que quem inventou a lixeira de pia deve integrar a Sociedade Protetora de Bactérias Anônimas: não existe local menos indicado para coletores de lixo do que a pia! Aliás, lixeira, em cozinha cientificamente correta, é aquela de chão, com pedal e forrada com saco plástico. E tem mais: ela precisa ser limpa e desinfetada todos os dias para acabar com eventuais focos de micróbios e de atração para insetos como baratas e formigas.

E o que dizer do escorredor de pia onde cabem tanto os copos e talheres limpos como o pé de alface que acabou de chegar da feira?

7 erros na cozinha

Das folhas verdes, os germes saltam para a louça lavada, passando pelas mãos atarefadas da dona de casa que prepara uma refeição para as crianças – e eis que a família inteira entra nesta roda-viva, contribuindo para a disseminação das espécies... indesejadas!

Mal sabe ela que colocar alimentos no escorredor é o segundo pecado capital nas cozinhas!

Agora, pia que é pia só se transforma na maior passarela de bactérias da casa quando o pior de todos os vilões da cozinha está por perto – a esponja.

Vamos convir: se fôssemos um micróbio, não iríamos querer viver e crescer num lugar que nos dá abrigo, alimento e água à vontade? Claro que sim! E onde as bactérias encontram tudo isso? Na esponja da pia!

Submetida a análise em laboratório, uma única gota tirada de uma esponja de cozinha em uso chega a acumular 450 milhões de bactérias, muitas das quais têm origem fecal. Ou seja: sem os devidos cuidados – e este é o terceiro erro –, o mesmo apetrecho com o qual se lava a louça pode abrigar uma cultura de micróbios e, entre eles, aqueles que só crescem na presença de fezes.

Por isso, é muito importante que a esponja seja desinfetada todos os dias numa solução de um litro de água corrente para duas colheres de sopa de água sanitária. Lembre-se, todavia, de que, mesmo assim, a vida útil dela não pode ser superior a uma semana.

Depois de sete dias, adeus esponja; *bye bye*, bactérias!

E quanto ao pano de pia? Aquele paninho invariavelmente sujo, usado para limpar a pia, é uma verdadeira usina de germes! E se for mantido úmido, tanto melhor para os micróbios: eles permanecerão ativos até 24 horas se o pano estiver seco, ao passo que resistirão bravamente por até três dias, se o tecido permanecer molhado na pia.

Ainda assim, convenhamos, 72 horas é tempo de sobra para fazer um baita estrago na sua cozinha, contaminando alimentos e crianças, não é mesmo?

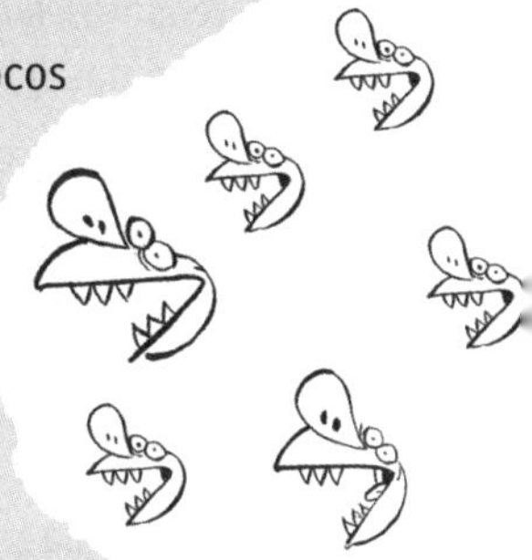

Outro erro bastante comum em se tratando de focos de sujeira na cozinha salta aos olhos, mas ninguém vê: é aquele pregador que saiu do varal e acabou em cima da mesa, para fechar pacotes de bolacha ou sacos de pão: não poderia ser mais inadequado! Uma péssima idéia! Afinal, vindo de onde tem passarinho, pousa inseto, acumula poeira e chove chuva, pregador só pode juntar bactérias, sem falar que muitos deles estão até roídos pelo cachorro da casa. Se for parar na cozinha, serviu como táxi de luxo para elas!

E por falar em madeira, que tal aquela tábua na cozinha?

Pior: veja que ela forma um conjunto de três peças com a colher de pau e rolo de abrir massa do mesmo material! Pode até ser bonito, mas não é higiênico – aliás, nem sendo de madeira, nem de plástico antigo, amarelado e todo riscado. Entre uma e outra, aliás, a de de plástico é melhor, mas é preciso lembrar que, ainda assim, esses materiais não são *hereditários*, isto é, não devem ser incluídos no testamento de pai para filho, de avô para neto:

– *Deixo minha tábua de plástico para o meu neto que me acudiu na velhice...*

Elas devem ser trocadas assim que não tiverem mais condições de uso.

Tábuas de madeira devem ser jogadas no lixo, e por uma razão muito simples: não adianta passar água, nem lavar com sabão — utensílios de madeira não se limpam, não se desinfetam. São domínio das bactérias e de lá ninguém as tira!

Como a madeira é composta de células, torna-se um excelente refúgio para microrganismos que a penetram e passam a se multiplicar lá dentro. Cobrir a tábua com água fervente não resolve o problema, pois o calor que se infiltra na madeira perde temperatura até chegar nos bichinhos e não os mata.

Se submetida a análise laboratorial, uma tábua de madeira em uso constante certamente acusará a presença de milhões de bactérias, muitas de origem fecal. E a presença de fezes é ameaça de verminose e outras doenças cujos sintomas mais comuns são: diarréia, vômito ou febre, na maioria dos casos!

E quanto ao sétimo erro? Não é preciso nem procurar com lupa: está na cara – ou melhor, na boca... do fogão! Comida que ficou na panela, em cima do fogão, horas ou dias a fio... nem pensar! Vira colônia de microrganismos, um banquete para eles!

O certo é colocar a comida na geladeira e observar uma dica importante: o máximo que o alimento pode permanecer em temperatura ambiente são duas horas.

Passado este tempo, é preciso colocar na geladeira, em recipientes plásticos ou de vidro – mas sempre descobertos, pois o refrigerador funciona como uma fábrica de vento gelado e é preciso dar condições para que esse vento roube o calor dos alimentos. Depois de duas horas, eles já podem ser tampados.

O fato de deixar o alimento perecível por tempo inferior a duas horas à temperatura ambiente, refrigerar mesmo quente e descoberto, tampando após duas horas, já reduz, em si, em mais de 80% a possibilidade de pegar uma Doença Veiculada por Alimentos (DVA).

Agora, se passou do tempo, jogue fora!

Utensílios

UTENSÍLIOS

Esponjas e panos

Quem disse que microrganismo que honra o nome que tem não sai do banheiro?

Mentira! O circuito deles é extenso e variado: passa pelo banheiro, pelos armários, pelo escritório e vai dar até na cozinha. Aliás, é na cozinha que os germes de todas as tribos se encontram e se reproduzem melhor: em carnes, ovos, hortaliças, embalagens, na água e onde mais for! Ali, eles fazem a festa, promovendo inúmeras contaminações cruzadas!

Esponjas e panos

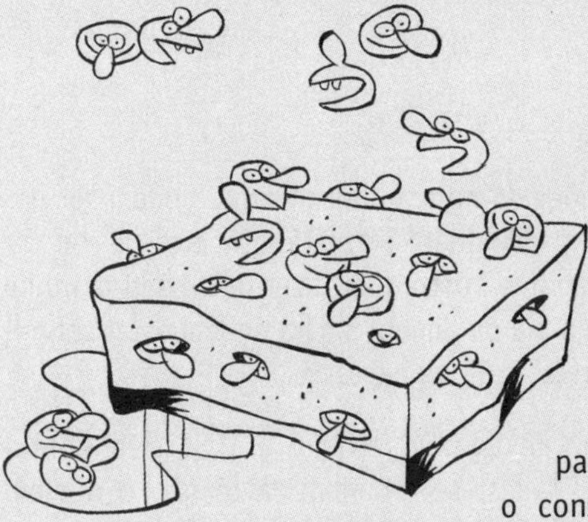

Contaminação cruzada é o nome que se dá ao processo de transferência de microrganismos de um alimento cru para outro pronto para o consumo (por exemplo, um cozido) por meio de manipulação, utensílios (placas de corte, facas, garfos, buchas de cozinha, etc.) ou ainda num mesmo local de trabalho, como pias e mesas.

Ali, panos de prato, esponjas e pias recebem um número impressionante de microrganismos que causam doenças – mais até do que o banheiro ou um assento de privada, locais considerados incubadores de coliformes fecais por excelência, a julgar pelos estudos realizados na Universidade do Arizona, Estados Unidos, pelo microbiologista Carlos Enriquez. A pesquisa do cientista revelou dados alarmantes: em utensílios de cozinha se escondem – e se multiplicam – nada menos do que bactérias de origem fecal!

Se um germe pudesse descrever seu paraíso ideal, faria certamente referência a algo como... uma esponja de cozinha ou um pano de prato. Entre seus poros eles acumulam restos de nutrientes que sustentam o crescimento da maioria das bactérias e reúnem todas as condições básicas para que elas se reproduzam: umidade, alimentos e esconderijos.

Assim, a menos que sejam lavados, desinfetados e substituídos freqüentemente, esponjas e panos de cozinha acumulam em seus resíduos milhões, bilhões de microrganismos que podem ser nocivos à saúde. Pior: em qualquer circunstância, eles devem ser vistos como multiplicadores – isto quer dizer que o seu paninho molhado aberto sobre a pia ou aquela bucha podem estar servindo de hotel cinco estrelas para as bactérias.

Se usar a esponja para enxugar superfícies e ela estiver contaminada, espalhará sujidades; se for mantida úmida, o número de germes vivos não diminuirá antes de duas semanas. Se for seca após o uso, o crescimento bacteriano será freado, mas as bactérias que nela vivem terão uma expectativa de vida de pelo menos dois dias. E se for colocada seca em local livre de umidade, ainda assim as bactérias resistentes terão várias horas de sobrevida para infectar alimentos e outras fontes, de maneira a perpetuar a espécie.

FIQUE LIGADO!

- A esponja de cozinha deve ser trocada semanalmente. Lavar, após o uso, com água e detergente e em seguida secar: estes são os dois únicos mandamentos. Uma vez ao dia, é preciso mergulhá-la em solução sanitária, com duas colheres de sopa de água sanitária para um litro d'água. E mais: não esqueça de guardá-la em local seco, nunca em cima do sabão!
- Para desinfetá-la no microondas, você deve estar com a esponja úmida e envolvê-la antes em papel

toalha. Coloque-a depois sobre um prato e deixe por 30 a 60 segundos no forno. Retire, jogue o papel no lixo e guarde a esponja em local seco. Pronto: está devidamente desinfetada!

- Buchas vegetais podem ser uma boa opção no lugar das esponjas industriais. São ecológicas, orgânicas, biodegradáveis e devem ser limpas da mesma forma que as demais.

- Para desinfetar o pano de limpeza, proceda da seguinte forma: use duas colheres de sopa de água sanitária para um litro d'água e deixe o pano dentro da solução por 10 minutos. Depois de bem lavado e seco, de preferência em secadora, use o ferro de passar para eliminar eventuais focos bacterianos mais resistentes.

- Quanto aos panos de prato, devem ser trocados assim que estiverem molhados ou, se possível, substituídos por panos descartáveis ou papel absorvente.

Adotar métodos drásticos, como lavar e desinfetar a esponja diariamente, tampouco surte efeito: não há como conter a multiplicação de germes depois de uma semana de uso. Por isso, lixo! O remédio é trocá-la de tempos em tempos por uma nova. Mas atenção: enquanto estiver em uso, será preciso higienizá-la diariamente.

E quanto aos panos de limpeza?

Pois muitas donas de casa têm o costume de mantê-los em baldes com produtos sanitizantes – mas isto não impede os

UTENSÍLIOS

Esponjas e panos

micróbios de proliferarem, uma vez que, passada uma hora aproximadamente, o material orgânico recolhido durante a limpeza neutralizará o sanitizante e os microrganismos começarão a se multiplicar.

Há também quem adote outros métodos pouco úteis: deixam o pano secar aberto sobre o fogão, a pia, a geladeira ou no varal ou, ainda, no escorredor de louça.

Como bactérias se mantêm vivas por 24 horas em um pano seco e por 48 a 72 horas em um pano úmido, por mais que ele seja colocado para secar sobre uma pia, por 24 horas seus germes, ainda vivos, rapidamente começarão a se multiplicar assim que entrarem em contato com algum ambiente úmido, como um prato contendo alimentos. Logo, nenhuma destas técnicas de higienização tem serventia.

A idéia de colocar o pano dentro de um saco, no microondas, por um minuto, o desinfeta de fato, mas ainda assim será necessário mantê-lo seco longe de um ambiente úmido, como a pia ou o fogão, para não dar início a novo ciclo de contaminação.

Estonteante, não é mesmo?

UTENSÍLIOS

Tábuas de corte

Já observou uma tábua de corte atentamente? Salvo em raros casos, junta tantos resíduos de comida que chega a cortar mesmo o apetite!

Tábuas de corte

Feitas de madeira, plástico ou vidro, são usadas para picar alimentos – crus ou cozidos – e, por isso mesmo, podem servir como transmissores de microrganismos, inclusive patogênicos, e promover a chamada contaminação cruzada, de produtos crus para pratos prontos.

Diante das opções à venda no mercado, considera-se uma boa placa de corte aquela que se pode lavar e desinfetar facilmente e que preenche bem suas funções, sendo durável, de baixo custo e que não oferece riscos de escorregar.

VOCÊ SABIA?

Apesar de suas peculiaridades, é aconselhável não usar tábua de madeira na cozinha. Proveniente da árvore, a madeira já foi um ser vivo e, como tal, possui células que, embora mortas, podem, por capilaridade, absorver microrganismos que vão colonizar as áreas mais profundas da placa, não havendo, portanto, meio de higienizá-la adequadamente. A água sanitária é neutralizada por matéria orgânica – e madeira é matéria orgânica. Além disso, o calor tampouco mataria os germes infiltrados numa tábua de corte de madeira, pois o material é isolante térmico.

UTENSÍLIOS

Tábuas de corte

A placa de madeira permite corte fácil, não escorrega, é durável, econômica, mas é difícil de limpar e de desinfetar.

A de plástico, por sua vez, pode ser limpa e desinfetada facilmente, não escorrega, permite cortar o alimento sem dificuldades, mas não é muito durável, nem econômica.

A de vidro, por sua vez, também pode ser lavada e desinfetada sem muito embaraço, mas não é durável, não oferece facilidade de corte, pode escorregar e não custa barato.

Qual escolher?

No quesito agente de contaminação cruzada, aquela cujo material menos se presta a isso é a de plástico. No entanto, é importante dizer que a vida útil dela termina assim que começa a apresentar uma grande quantidade de riscos e de manchas (amareladas, esverdeadas ou de outra cor). Quando isso acontece, se ela estiver toda riscada, não há técnica de limpeza que possa garantir sua desinfecção.

O ideal, no caso, é comprar várias tábuas de corte de cores variadas e reservar cada qual para uma finalidade: a rosa para carnes cruas; a verde para frutas e hortaliças; a branca para alimentos cozidos. E lembre-se: nada de aparar a tábua com um pano, para que não escorregue. Os germes não deixarão de aproveitar a oportunidade...

Como limpar?

Lavar a tábua plástica na máquina de lavar pratos é uma excelente alternativa. Contudo, você terá de se certificar de que ela atinge a temperatura de enxágüe de 70-75° C, pelo menos, o que poderá fazer consultando o manual técnico do fabricante, telefonando ao departamento técnico ou pesquisando pela *internet*.

Se a alternativa for lavar à mão, use água, detergente neutro e uma esponja macia. Evite materiais abrasivos, como esponja do lado endurecido (verde) ou palha de aço ou, ainda, escova dura, pois podem produzir riscos na placa e estes sulcos, amanhã, serão certamente o esconderijo dos germes.

Para desinfetar, você tem três opções. Vale, no entanto, lembrar que só se desinfeta material limpo – ou seja, trate de lavar a tábua antes.

1. Se preferir usar um desinfetante caseiro, coloque uma solução de água oxigenada (3% de água oxigenada 10 vol. e 97% de água) num frasco pulverizador, desses de molhar plantas, e um pouco de vinagre branco de maçã puro em outro. Nunca misture o vinagre e a solução de água oxigenada no mesmo frasco.

Pulverize um e depois o outro sobre a tábua e deixe escorrer. A utilização desses produtos em separado e seqüencialmente é quase dez vezes mais potente do que se usasse cada um deles separadamente ou combinados num único pulverizador.

Este método de desinfecção também pode ser utilizado em superfícies limpas de qualquer espécie. É mais efetivo e letal para bactérias do que os alvejantes clorados e demais produtos à venda no comércio.

UTENSÍLIOS

Tábuas de corte

2. Todavia, existe uma outra opção nas prateleiras de qualquer supermercado: prepare uma solução à base de duas colheres de sopa de água sanitária para um litro d´água, mergulhe a placa por 5 a 10 minutos (nunca mais que isso pois haveria risco de recontaminação) e deixe escorrer. Não precisa enxaguar.

3. O vinagre branco puro é outra alternativa à sua disposição. Molhe a placa inteiramente e deixe escorrer. Não precisa enxaguar.

UTENSÍLIOS

Facas e talheres

Entrou no restaurante, olhou para os talheres: se estiverem sujos... é má impressão na certa, não é mesmo? Bem capaz de apontarem até mesmo a porta de saída do estabelecimento!

Embora existam vários modelos e materiais – ferro, carbono, cerâmica ou molibdênio, entre outros –, os melhores talheres são aqueles produzidos em aço inox.

No entanto, mesmo estes costumam indispor os clientes mais famintos quando são servidos com restos de alimentos ou manchas que não cederam à lavagem.

Além de servir de cartão de visita da boa higiene de um restaurante ou de uma casa, talheres limpos evitam possíveis focos de contaminação cruzadas e devem ser limpos com cuidado. Há duas maneiras de fazer isso: na máquina de lavar louças ou na pia.

Quem tem máquina de lavar louça, precisa apertar somente um botão para higienizar os talheres à temperatura de 70°, o que é

VOCÊ SABIA?

As facas são divididas em várias partes que, por sua vez, têm denominações diferentes. Dá-se o nome de *spine* para a parte superior da lâmina (também chamada espinhaço ou espinha) e *cutting edge* para a parte inferior – algo como “borda cortante” ou, para nós, o fio da faca. O extremo da lâmina, isto é, a ponta oposta ao cabo, a ponta ou ponteira, tem o nome de *tip*. *Heel* é o extremo próximo ao cabo, que pode ou não ter um apoio. Entre a lâmina e o cabo encontra-se o gavião ou *bolster*. Quanto à empunhadura ou cabo, que pode ser revestida de vários materiais, como madeira, vinil, ABS ou resina, dá-se a designação de *handle*.

suficiente para acabar com qualquer germe. Assim, ela se encarrega de lavar, enxaguar e desinfetar adequadamente.

Na pia, é preciso mergulhar os talheres em água morna com detergente neutro e, com uma esponja macia, fazer a limpeza. Importante não usar abrasivos ou palha de aço para não riscar os utensílios. Enxágüe em água bem quente e deixe secar em escorredor.

UTENSÍLIOS

Facas e talheres

O mesmo método pode ser usado para lavar facas e chairas. Evite o uso de produtos químicos oxidantes, principalmente à base de cloro, e desinfete mergulhando a faca em água quente (a 85° C) por 3 a 20 minutos. Por fim, guarde em local protegido.

Algumas facas possuem princípios ativos bactericidas impregnados – por exemplo, íons prata, entre outros. São de grande utilidade, embora não substituam a lavagem em si. O álcool acima de 70° GL também apresenta boa ação bactericida, mas, além de ser dificilmente encontrado nessa concentração (atualmente são vendidos no mercado concentrações de 40° GL tendo em vista os riscos de incêndio), é caro, altamente inflamável e pode manchar. Além disso, é preciso lembrar que o próprio pano usado para passar o álcool muitas vezes contém focos de contaminação e que o próprio álcool pode veicular esporos (formas de resistência) de bactérias.

UTENSÍLIOS

Pratos

Assim como no caso dos talheres, os pratos podem ser lavados tanto manualmente como em máquina.

A lavagem manual se compõe de três etapas: na primeira, retiram-se os resíduos grosseiros de alimentos, de preferência com papel absorvente. Na segunda, imerge-se a louça em água morna e detergente e, para esfregar, usa-se uma esponja macia – não palha de aço ou qualquer outro produto cáustico que possa comprometer a integridade dos pratos. Por fim, enxágua-se em água a temperaturas superiores a 75° C e se deixa escorrer até secar.

Pratos

VOCÊ SABIA?

Os primeiros pratos de que se tem notícias datam da pré-história e eram feitos com o crânio das pessoas mortas. Os pratos de porcelana só começaram a ser produzidos na Europa a partir de 1575.

Atenção: não se recomenda o uso de pano de prato para não correr o risco de contaminar a louça recém-lavada com eventuais germes escondidos no tecido. Guardar em local protegido.

Quanto à lavagem na máquina, convém seguir o passo-a-passo do manual do fabricante. É de suma importância, todavia, checar qual a temperatura máxima que ela alcança e saber se chega pelo menos até os 70° C no enxágüe.

Convém lembrar que pratos descartáveis de poliestireno expandido (EPS) são a maneira mais prática e higiênica de se fazer uma refeição, muito embora a opção esbarre no custo embutido. No entanto, os fabricantes desses produtos apresentam estudos de viabilidade econômica, nos quais comparam os custos deles às despesas com equipamentos, mão-de-obra e material de limpeza, bem como aquelas relacionadas a trocas e reposições.

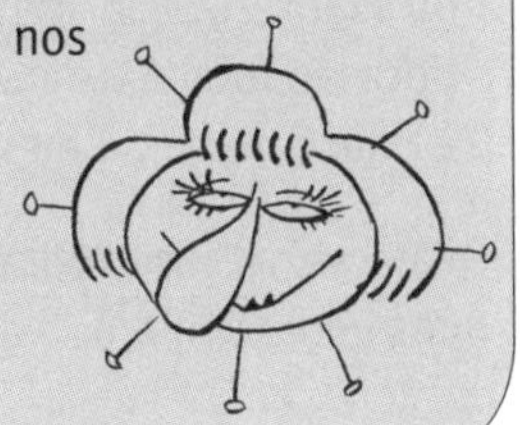

Panelas

Feijoada esmaltada, arroz com alumínio, legumes ao Teflon®.

Impossível? Pois experimente deixar alimentos na panela, de um dia para outro ou por muito tempo, e mande analisar em laboratório.

O resultado vai desencorajar qualquer medida de economia de tempo ou esforço: manter alimentos em panelas onde foram preparados, além de ferir o primeiro mandamento da cruzada antibactérias – não deixarás comida em temperatura ambiente por mais de duas horas –, resulta que partículas do material com que foram fabricadas acabam migrando para o conteúdo – tanto que existem suspeitas do aparecimento de problemas neurológicos ligados à absorção de metais durante a cocção ou armazenamento de pratos.

Portanto, receita básica, não se deve nunca acondicionar alimentos em panelas – nem por praticidade, nem por preguiça de lavar a louça!

Panelas foram feitas para produzir comida, e não para servi-la ou mantê-la sob refrigeração. Assim, o lugar delas é sobre uma boca de fogão – e nada mais: nem na geladeira, nem no *freezer*, e muito menos à mesa.

Para servir, use louça; para refrigerar, prefira recipientes plásticos com tampa ou vasilhames.

Panelas

As melhores panelas são as de pedra-sabão (curada), de aço inox (não areada) e as antiaderentes (com tefal).

Seja como for, e de que material for – cobre, aço inox, alumínio ou qualquer outro –, panelas não têm vocação para espelho: não precisam brilhar. Areá-las só traz prejuízo, pois retira camadas de proteção e acaba liberando metais que podem fazer mal à saúde.

Veja a seguir como deve proceder para limpá-las de acordo com o material com que foram fabricadas:

- ***Panelas de cobre***

Preste atenção: este tipo de panela deve ter revestimento interno de politetrafluoretileno (PTFE), titânio ou aço inoxidável. Caso contrário, pode ser um veneno para a sua saúde.

VOCÊ SABIA?

Para limpar uma panela queimada, basta salpicar bicarbonato de sódio e umedecer. Lave depois de algumas horas. O que tiver queimado sairá com facilidade. Para alimentos que permanecem grudados na panela, a dica é encher a panela de água quente e adicionar duas colheres de sal ou de bicarbonato de sódio. Deixar repousar um pouco e lavar. O vinagre também poderá ser usado para esta finalidade.

Panelas

Lave com uma esponja macia e detergente neutro, tomando o devido cuidado de nunca arear com palha de aço ou sapólio. Para higienizar, prepare uma mistura em partes iguais de farinha de trigo e vinagre branco de maçã. Esfregue com um pano até limpar bem e em seguida coloque debaixo d'água e seque.

Para remover azinhavre, esfregue a metade de um limão num pires com sal e em seguida na parte manchada do cobre. Lave e seque bem.

- ***Panelas de alumínio***

Para lavá-las, use esponja dura e sabão de coco ou detergente. Seque imediatamente depois para evitar o aparecimento de manchas, e não areie jamais com palha de aço ou sapólio.

Para tirar manchas, proceda da seguinte forma: encha a panela com água quente e despeje o suco de um limão espremido ou duas colheres de vinagre de maçã. Para clarear e limpar o fundo que está queimado, coloque água até a metade da panela e dissolva um pouco de bicarbonato de sódio ou acrescente umas pitadas de sal de cozinha ou vinagre. Em seguida, deixe ferver em fogo brando.

Ao cozinhar, lembre-se: panelas de alumínio não se dão bem com alimentos ácidos, como vinagrete, molho de tomate e maioneses.

- ***Panelas esmaltadas***

Você pode usar esponja macia e detergente neutro para limpá-las e, para evitar que amarelem, passar álcool na superfície esmaltada ou um pano macio embebido em uma solução à base de uma colher de sopa de cloreto de potássio dissolvido num litro d'água. Para retirar manchas, o ideal é despejar uma mistura de duas colheres de chá de alvejante (água sanitária) e 600 ml de água. Deixe agir por duas horas, no máximo.

Atenção: panelas esmaltadas com desenhos e decalques na parte interna não se prestam à cozinha. São apenas decorativas.

- ***Panelas de Teflon® ou tefal***

Lave com uma esponja macia e detergente neutro. Não use palha de aço, sapólio, faca ou qualquer outro material ou técnica que produza riscos. Para retirar manchas, o ideal é esfregar pó de café com um papel absorvente.

- ***Panelas de barro***

Panelas de cerâmica pedem uma esponja macia e detergente neutro para a lavagem. Antes de usá-las pela primeira vez, é aconselhável deixá-las de molho em banho-maria por cerca de 20 minutos em água fervente com um tira-cheiro de sua preferência. Use sempre panelas de barro ou cerâmica fosca.

- ***Panelas de vidro***

Limpe com esponja macia e detergente neutro. Para tirar manchas escuras, deixe de molho numa solução de cinco colheres de sopa de bicarbonato de sódio para um litro d'água. Atenção: não a coloque vazia no fogo!

Panelas

- ***Panelas de pedra-sabão***

Práticas, estas panelas retêm e distribuem o calor de maneira uniforme, mantendo a comida quente por muito tempo. Não alteram nem a composição nem o sabor dos alimentos e suportam temperaturas extremas, até 800° C. São fáceis de limpar: basta usar uma esponja macia e detergente neutro.

No entanto, recomenda-se evitar mudanças bruscas de temperatura, como, por exemplo, retirar a comida ainda quente da panela e colocá-la na água fria ou sobre uma superfície fria. O melhor é desligar o fogo e esperar que a temperatura vá caindo naturalmente.

Antes de usá-las, porém, é preciso fazer a cura. Para tanto, unte-as com óleo vegetal ou azeite por dentro e por fora. Ligue o forno a uma temperatura baixa e deixe a panela aquecendo por uns 15 minutos. Em seguida, desligue e espere que o calor se dissipe. Repita a operação outras 3 ou 4 vezes sem esquecer de untar a peça

VOCÊ SABIA?

Cozinhar em panela de ferro ou adicionar aos alimentos peças de ferro – pregos ou até ferraduras, como se fazia antigamente – não combate a anemia: o ferro desses materiais não é absorvido pelo organismo e acaba eliminado com as fezes.

UTENSÍLIOS

Panelas

antes. Por fim, para tirar o cheiro de óleo da pedra, lave a panela seguidamente com água fervente e bicarbonato de sódio.

- ***Panelas de aço inox***

Você deve usar uma esponja macia e detergente neutro para lavá-las. Dispense a palha de aço, esponjas duras ou sapólio. Para tirar manchas, encha a panela com água quente e acrescente o sumo de um limão ou duas colheres de vinagre branco. Para clarear e eliminar um fundo insistentemente queimado, coloque água pela metade e um bocado de bicarbonato de sódio. Em seguida, deixe ferver em fogo brando. Na ausência do bicarbonato, use sal de cozinha ou vinagre.

- ***Panelas de ferro***

Lave com esponja macia e detergente neutro. Para evitar que enferrujem, coloque no forno bem quente para secar, deixe esfriar e unte com uma leve camada de óleo antes de guardar.

UTENSÍLIOS

Lixeiras

Recipiente de lixo não tem dois: tem de ter tampa com pedal e, obviamente, tem de ficar no chão. Nada de comprar as chamadas lixeirinhas de pia, menores, originalmente concebidas para recolher palitos de fósforo usados, tampas de garrafa, guardanapos sujos e outras miudezas. Pois é justamente esta quinquilharia – entendam-se resíduos variados – que os germes mais apreciam.

E tem mais: é recomendável trocar o saco plástico de dentro da

UTENSÍLIOS

Lixeiras

lixeira todos os dias, ainda que ele não esteja cheio, pois, do contrário, vai acabar atraindo pragas e insetos domésticos, como baratas, moscas e formigas.

Quando trocar o saco plástico, aproveite para fazer uma higienização da lixeira. Lave com água, detergente e esfregue bem com uma escova. Por fim, enxágüe e pulverize uma solução alvejante clorada à base de uma colher de chá (5 ml) de água sanitária e 250 ml de água. Deixe secar.

UTENSÍLIOS

Pregadores de roupa

Fechar pacotes de bolacha, de cereais ou de qualquer outro alimento com pregadores de roupa é quase uma heresia microbiológica! Principalmente se você morar em casa, tiver quintal e for apanhá-los ao relento, isto é, ali onde os passarinhos fazem suas necessidades, chove e venta e até mesmo o cachorro vai esconder seu ossinho.

No varal, tampouco estão protegidos de contaminação por poeira, sereno e outras formas de poluição. Por isso, o ideal é usar fios de metal plastificados e dobráveis – a menos que o pregador seja de plástico, que você o lave com certa freqüência e que ele só seja usado para este fim.

Pia

Quando foi a última vez que você sanitizou o dreno ou o triturador da sua pia?

Ontem à noite? No mês passado? Nunca fez isso?

Pois vamos lembrar: é na pia que a gente costuma lavar frutas e hortaliças, manipula carnes e peixes e deixa a água escorrer sobre panelas sujas e utensílios encardidos.

E para onde vão as felizes comunidades de *Salmonella spp* que provocam quase uma semana inteira de diarréia, vômito e febre? E as cepas de *Listeria monocytogenes* responsáveis por abortos em mulheres grávidas?

Ralo abaixo! A começar pela pia...

Por isso, o primeiro mandamento da cozinha higiênica diz: manterás a pia limpa e seca o quanto possível. E o segundo: despejarás água fervente e detergente seguidos de um copo de água sanitária pelos drenos abaixo, todo santo dia.

Pia

Mesmo que você more em um local que lhe permita introduzir um sistema de compostagem (utilizando os restos orgânicos para fazer adubo) e que nenhum alimento seja despejado pelo dreno, ainda assim você terá de dar alguma atenção aos encanamentos. Prepare uma solução clorada à base de 250 ml de água e uma colher de chá (5 ml) de água sanitária e despeje pelo ralo, tomando o devido cuidado de deixar a água correr um pouco depois disso.

Ainda que tenha um triturador elétrico, não estará a salvo da formação de focos de bactérias a partir dos minúsculos resíduos que ficam presos no equipamento. Por isso, sanitize-o despejando meio litro de solução clorada alvejante a cada duas semanas. E lembre-se: quando terminar de limpar a cozinha, diariamente, seria muito bom se você jogasse um pedaço de limão com casca e tudo no triturador – isso deixará um agradável odor cítrico no recinto.

Tipos de pia

A rigor, cada tipo de pia se limpa de um jeito. Mas, de modo geral, você pode adotar alguns cuidados que valem para todas elas: lave com esponja e detergente e enxágüe. Em seguida, passe um pano embebido numa solução de duas colheres de sopa de água sanitária para um litro d´água. Seque muito bem.

Agora, veja como limpar os quatro principais tipos de pia existentes no mercado nacional:

- ***Aço inox***

Higiênico e resistente ao calor, este tipo de pia deve ter espessura mínima de 1,5 mm e 3,5 mm de concreto, sob o tampo, para não ceder aos seus pontos mais fracos: risca e amassa facilmente com o uso de facas de corte ou pequenas batidas sobre o tampo.

O aço mais indicado é o AISI 304, que contém menos ferro e mais níquel – o que o torna mais resistente a corrosão e ranhuras.

Como se trata de uma liga metálica contendo níquel, cromo, carbono e ferro, é a percentagem de cada material que determinará sua maior ou menor resistência à abrasão. De qualquer forma, existem apenas dois tipos de aço inoxidável para utilização na fabricação de cubas e pias: o inox 430, que tem 16% de cromo na liga; e o 304, com 18% de cromo e 8% de níquel.

Em função da sua maior resistência – principalmente em cidades litorâneas –, recomenda-se o 304. Devido às suas características para conformação, ele permite fabricar cubas mais fundas.

A manutenção deste tipo de pia é bem simples: água, detergente e, para dar brilho, uma camada de cera líquida incolor ou vaselina. Use pano macio ou esponja de náilon e, se a sua bancada estiver riscada, recorra ao fabricante para que faça um polimento.

- ***Corian***

Este tipo de pia mistura na sua composição alumina, um tipo de mineral, e resina acrílica com pigmentos. Além de oferecer grande variedade de cores e texturas, seu grande diferencial é não ser poroso e permitir moldagem no formato desejado. As emendas são igualmente invisíveis.

No entanto, o Corian resiste medianamente à abrasão e, ainda que seja mais forte que o mármore e o inox, é suscetível a riscos. Sua espessura média é de 20 a 30 mm.

Para limpá-lo, use água com detergente. Para remover riscos leves, utilize uma esponja grossa, mas, para riscos mais profundos, recorra a uma empresa credenciada.

- ***Granito***

O material que constitui este tipo de pia é um mineral silicoso ou silicático bastante resistente: o feldspato, o quartzo ou a mica.

Existem vários tipos de granito – os mais recomendados são o verde, o vermelho ou os marrons. Seja como for, trata-se do material que menos sofre riscos e, outro ponto favorável, mantém seu brilho natural por muito tempo.

No entanto, embora menos poroso que o mármore, absorve óleo – e a junção entre a cuba e a pia é um local de fácil acúmulo de germes: um paraíso para os microrganismos nocivos à saúde!

Para fazer uma manutenção regular, use água e detergente e, a cada três meses, aplique um removedor para tirar a gordura e, em seguida, uma camada de cera incolor à base de silicone.

- ***Mármore***

O material que compõe este tipo de pia é um mineral pouco resistente – a calcita ou a dolomita.

Elas podem ser encontradas na espessura de 20 a 30 mm e em

várias tonalidades, mas a mais indicada é a branca, do tipo Carrara – menos porosa e com granulação mais fina. Trata-se de um material clássico, bastante valorizado: a pedra mais bonita para acabamentos. Mas é sensível a ácidos – o limão e o vinagre podem manchá-la –, absorve a sujeira e apresenta minúsculas cavidades onde a água pode se acumular. Além disso, risca fácil e seus pontos de junção são críticos.

Para limpar pias de mármore, faça uso de água e detergente e, a cada três meses, use removedor para tirar a gordura. Em seguida, aplique uma camada de cera incolor à base de silicone.

Eletrodomésticos & cia

Geladeira higiênica

– Geladeira, geladeira minha, existe alimento mais perecível que eu? – perguntou o camarão-rosa ao refrigerador.

Ao que ele ouviu, peremptoriamente:

– Perecível, mortal alimento... é toda comida! Até mesmo uma

simples bala, um grão de café, uma migalha de pão são perecíveis: podem estragar!

Explica-se: apesar de todo gênero alimentício ter um tempo de vida útil, deu-se o nome de *alimento perecível* a todos aqueles que não podem permanecer por mais de duas horas em temperatura ambiente (de 5° a 60°C) – isto é, àqueles que, sem refrigeração adequada, sofrem em breve mudança de cor, odor ou textura e desenvolvem rápida colonização de micróbios, causando diarréias, vômitos, dores de cabeça ou até problemas de saúde mais sérios.

Obviamente, existem técnicas ancestrais de conservação de alimentos: a salga e a secagem, no caso de peixes, e, para a carne (o charque, por exemplo), a chamada "carne na banha", que consiste em cozinhar e manter a carne fatiada imersa numa banha suína solidificada. Mas, em pleno século XXI, o meio mais comum de preservar as qualidades nutricionais e organolépticas da comida são... as baixas temperaturas: a geladeira e seu parente mais próximo, o *freezer*.

Durante a refrigeração (de 4° a 5° C), há uma diminuição da velocidade de reprodução das bactérias. Isso mesmo: elas não param de crescer – e por isso se deve respeitar o prazo de validade dos alimentos –, mas o ritmo de colonização de germes é menor. Exemplo? Um prato pronto, quando mantido a 4° C ou um pouco menos, pode durar de quatro a cinco dias. Um grau acima, sob 5° C, sua vida útil cai para dois a três dias. Sob congelamento (-18° a -32°C), o número de microrganismos pode até diminuir, mas, de modo geral, eles não morrem.

Geladeira higiênica

Mas... importante: alimentos dispostos sob refrigeração não devem ficar amontoados numa prateleira, pois, sendo a geladeira uma fábrica de vento gelado, é preciso dar condições para que ele circule e roube o calor dos alimentos. Este é o motivo pelo qual nenhum prato deve ser tampado antes de duas horas, ao ser acondicionado no refrigerador: este é o tempo necessário para que o vento gelado reduza a temperatura da comida e, por conseguinte, a proteja da reprodução desenfreada das bactérias.

Errado!

Você pode achar que guardar comida na geladeira é o gesto mais banal do mundo, mas ele tem lá seus macetes. Quer ver?

Abrir e fechar a porta sem cessar, por exemplo, é péssimo para a refrigeração. Enchê-la demasiadamente de mantimentos, pior ainda!

VOCÊ SABIA?

Na falta de energia elétrica, uma geladeira consegue manter os alimentos refrigerados por quatro horas, se ninguém abrir a porta. No caso do *freezer*, com metade do seu volume interno ocupado, e sem abrir e fechar a porta, ele mantém a temperatura estável por 24 horas. Se estiver cheio, um produto manterá a temperatura do outro – e o prazo aumenta, então, para 48 horas.

Geladeira higiênica

Talvez você não acredite, mas mesmo sob temperatura baixa, um alimento pode se deteriorar. Por exemplo, um pote de requeijão destampado.

Outra coisa: o lugar de cada alimento. Frutas não precisam ficar na primeira prateleira. Carnes nunca podem parar na última.

O primeiro aramado é o mais frio: deve acondicionar as comidas que estragam fácil, como tortas, pescados, queijos, frios, leite, manteiga e ovos.

A segunda prateleira, um pouco menos fria, deve receber os doces e sobras de alimentos. Aquele arroz com feijão que ficou do almoço? O lugar dele é ali mesmo...

Mais para baixo ficam as frutas. E outra dica. Você não deve lavar as frutas assim que chega da feira ou do supermercado. Coloque-as na geladeira, espere umas duas horas, e só então lave. Isso vale também para as verduras e legumes, que devem ficar na última gaveta.

Na porta, coloque só bebidas e alimentos que não estragam fácil, como os temperos. E nada de manter lata aberta na geladeira! Abriu? Transfira para um recipiente de plástico ou use tudo de uma só vez!

Aliás, é bom que se diga: porta de geladeira não foi feita para guardar cola, pilhas para recarregar, meio limão, meia cebola, meio tomate. Estes alimentos pela metade devem estar envoltos em filme plástico ou, então, precisam ser acondicionados em potes plásticos fechados e colocados na parte interna da geladeira.

Geladeira higiênica

Outro erro: alimentos, ou até mesmo a prateleira, cobertos com papel-alumínio ou toalhinha. E frios, como presunto e salame, no isopor. Não pode: a bandeja de isopor impede a aeração correta do alimento. Milho embrulhado em saco plástico colorido? Pecado: ele solta tinta!

No abacaxi guardado com a coroa, outro sacrilégio. Sabe qual? Um dos principais focos de transporte de baratas para a casa é esta coroa, local onde elas armazenam seus ovos.

E – o pior de tudo – uma caixa inteirinha de uvas na última prateleira! De madeira! É bolor na certa! Na hora que o vento da geladeira passar por ela, vai carregar fungos para o resto dos mantimentos e espalhar micróbios. Mas, claro, agora você já sabe, lugar de madeira pinus ou outra qualquer não é no seu refrigerador...

Vejamos, agora, quais são os dez mandamentos da geladeira cientificamente correta:

1. Tudo organizado!

Geralmente, a produção de ar frio é feita na parte superior da geladeira. Sendo ele mais pesado que o ar quente, a tendência é que desça. Ao atravessar as distintas prateleiras e passar pelos alimentos, ele ganha temperatura, fica mais quente, e sobe novamente. E assim o ciclo se refaz. Conclusão: as primeiras prateleiras, as de cima, são mais frias e as demais, progressivamente mais quentes. Alimentos mais perecíveis devem, portanto, ocupar o alto do refrigerador.

2. De olho no reloginho

O termostato da geladeira deve ser regulado de acordo com a estação. A temperatura interna dever oscilar entre 0° e 5° C, sendo ideal entre 4° e 5° C na estante do meio. Para manter a refrigeração do seu eletrodoméstico, é recomendável só abrir a porta quando necessário e fechá-la o mais rápido possível.

FIQUE LIGADO!

Microrganismos patogênicos são aqueles que podem ocasionar doenças sem, todavia, alterar as características organolépticas do alimento. Isto é, experimentar, cheirar e olhar atentamente partes dele – como fazem de costume as donas de casa antes de decidir se está estragado ou não – permite apenas detectar a presença de um certo tipo de bactéria: as deteriorantes. Outras, as patogênicas, responsáveis por doenças alimentares, não azedam, não fermentam, não alteram o prato: ele não fica nem embolorado, nem fedido e, no entanto, pode conter toxinas bacterianas – o veneno produzido por bactérias que chega a resistir, em alguns casos, a horas e horas de fervura.

Geladeira higiênica

3. Espaços bem distribuídos

Na parte mais alta e fria da geladeira, onde a temperatura deve estar em torno de 2° C, devem-se armazenar os alimentos mais perecíveis, como carnes e pescados. Eles precisam ser acondicionados em recipientes fechados para evitar o contato de outros alimentos com o sumo que desprendem.

4. Porta fechada!

Erro clássico: porta de geladeira não foi feita para colocar ovos! Sendo eles um alimento altamente perecível – podem estar contaminados com a temível *Salmonella* –, deveriam ser mantidos nas prateleiras mais frias, logo abaixo das carnes, e nunca naquele compartimento da porta que aparentemente se destina a eles. Esta, por ser constantemente aberta e fechada, acaba sorvendo o calor do meio ambiente e só se presta, portanto, para guardar produtos que estavam no estoque seco, como catchup, mostarda, molho de pimenta, vinagre – sim!, o lugar dele é no refrigerador, e não debaixo da pia –, bebidas e água.

5. Congelador não é *freezer*!

Existem geladeiras do tempo da vovó que dispõem de um espaço na parte superior interna ao qual se dá o nome de congelador. Trata-se de uma espécie de buraco no gelo, muitas vezes já sem porta, um iglu que armazena relíquias arqueológicas, como restos de pratos e ingredientes usados vez ou outra para compor raras iguarias, dos quais ninguém nunca se lembra.

Muita gente pensa que só pelo fato de estarem lá, envoltos numa espessa camada de gelo, estão a salvo! Ledo engano: *freezer* é uma coisa, chega a temperaturas inferiores a -17° C; congelador é outra, não passa de - 8° C. Muitos produtos estampam na embalagem dois prazos de validade, conforme sejam armazenados no *freezer* ou no congelador. Por isso, não confunda!

6. Não sobrecarregue!

Se você sobrecarregar o refrigerador de alimentos, não haverá lugar para que o ar frio circule. Com isso, o funcionamento dele ficará prejudicado e a temperatura interna, alterada. Um pedacinho de torta aqui, um resto de arroz ali, meio bife acolá: chega uma hora em que é preciso instituir o Dia da Faxina na Geladeira, momento em que todos os pratinhos de sobremesa, pequenos *tapewares* e vasilhas menores com restos de comidas que não serão mais usadas devem abandonar o recinto. Não delegue esta tarefa para ninguém e seja implacável na escolha do que fica e do que sai – para o bem de todos!

Cheia ou não, o que se recomenda em relação à geladeira é espaçar bem os alimentos nas prateleiras, ocupando realmente todo o espaço interno disponível. Isso não se faz necessário no *freezer*, onde é preciso, ao contrário, aproximar ao máximo as embalagens, formando verdadeiras ilhas de gelo, de maneira que um alimento possa transferir sua temperatura ao que estiver ao lado, e assim por diante.

Geladeira higiênica

7. Nada de enfeites!

Lembre-se: é proibido cobrir os aramados da geladeira com paninhos, plástico ou papel. Qualquer obstáculo desse tipo só dificulta a boa circulação interna de ar – e as bactérias agradecem! Deixe pelo menos uns 2 cm de distância entre um alimento e outro.

8. Descongelar é preciso

Periodicamente, é preciso descongelar o eletrodoméstico. Isto porque o gelo acumulado também impede o ar frio de circular. Aproveite esse dia para fazer a limpeza das gavetas e demais compartimentos internos.

FIQUE LIGADO!

Depois de deixar o alimento duas horas sob refrigeração, é chegado o momento de tapá-lo. Para que não perca o sabor ou o frescor, envolva-o com filme plástico ou com uma tampa de plástico ou de vidro e lembre-se: a comida só se mantém própria para consumo enquanto não vencer o prazo que consta na embalagem. Nada mais! Alimentos recém-adquiridos devem ser dispostos atrás dos que já estavam na geladeira.

9. Hora da faxina!

Para limpar a geladeira por dentro, faça da seguinte forma: use um pano umedecido em água morna e detergente neutro (cerca de 50 ml por litro de água), enxágüe e depois passe uma solução de bicarbonato de sódio (1 litro de água e dois saquinhos do produto). Não é necessário dar novo enxágüe. Em seguida, use outro pano, desta vez seco. Por fora, você pode usar uma esponja macia umedecida e sabão neutro. A seguir, enxágüe com um pano úmido e seque com toalha.

Nunca use produtos abrasivos ou removedores. E jamais esqueça de desligar o aparelho antes!

Aproveite esse momento para estender a faxina à parte de trás do aparelho, onde fica o motor, mas lembre-se de só usar um espanador de pó. Nada mais. Por fim, pense em verificar a inclinação da geladeira: os pés devem estar nivelados a uma altura média de 1,5 cm – e os pés da frente precisam estar levemente mais altos (0,5 cm a mais): isso facilita a vedação total.

Para eliminar odores, faça uma desodorização. Veja como:

- Esvazie completamente o refrigerador e desligue-o.
- Lave com água e detergente (50 ml de produto para cada litro de água). Use uma esponja macia e esfregue de baixo para cima, tomando cuidado para que o líquido não escorra para as frestas.
- Pulverize água com vinagre branco, à proporção de 50% para cada qual.

- Aguarde cerca de uma hora e passe novamente a esponja embebida em solução detergente.
- Prepare uma mistura à base de bicarbonato de sódio e um pouco d'água e passe com um pano detidamente (dois saquinhos de bicarbonato de sódio para 1 litro de água).
- Espere mais uma hora e limpe com pano seco e limpo.
- Na porta, coloque um copinho ou outra pequena vasilha qualquer com um pouco de bicarbonato de sódio em pó. Ao lado, coloque uma haste de algodão embebida em baunilha ou outra essência qualquer que for de seu agrado.

Com que recipiente eu vou...

Geladeiras, por incrível que pareça, se dão melhor com vasilhames com menos de 10 cm de profundidade! Aliás, quanto mais rasos, mais facilitarão a passagem de ar frio pelo aparelho – menos ele fará esforço para produzir vento gelado.

Outro fator que pode comprometer o resfriamento adequado dos alimentos é o material de que se compõem os recipientes que você vai colocar na geladeira. Isto porque o índice de transferência de calor ou de frio é diferente de um material para outro. Aqueles que têm um índice de transferência maior são os mais indicados: aço inox, vidro, louça e plástico.

Os de poliestireno expandido (EPS) com aberturas nas laterais são também indicados. O EPS é um material plástico composto basicamente de 2% de poliestireno e 98% de vazios – isto é, ar

–, e os recipientes, encontrados na cor branca, são inodoros, recicláveis e não poluem. Comprovadamente mais eficientes na transferência de temperatura, se comparados ao vidro, à louça e ao plástico convencional, por exemplo, são ainda mais úteis quando usados com tampa – uma vez que a vedação deixa uma fresta para que ocorram trocas de ar dentro da geladeira, o que é muito indicado para evitar contaminações.

ELETRODOMÉSTICOS & CIA

Maxilimpeza no microondas

Quando começa a apitar e emitir aqueles sons característicos, o microondas se transforma numa engenhoca ultramoderna prestes a levantar vôo ou... sabe-se lá!

Como será que prepara o alimento nosso de cada dia que fica ali dentro, girando sem parar?

Segredos da ciência moderna: sem respingos de óleo, borbulhar de fervura ou crepitar de assados, ele trabalha em silêncio e,

Maxilimpeza no microondas

instantes depois, anuncia que a comida que vamos consumir está pronta – e quente. Cozida, descongelada, desinfetada: o microondas preencheu devidamente suas três funções básicas.

Mas – pergunta – será que o forno microondas pode fazer mal à saúde?

Microondas têm ação sobre as moléculas de água, gordura e açúcar contidas nos alimentos. Por outro lado, não devemos esquecer que o nosso organismo é essencialmente formado por água

VOCÊ SABIA?

Quer saber como funciona um microondas? Vamos lá! O microondas tem três finalidades básicas: cozinhar, descongelar e desinfetar alimentos. Assim que você liga o aparelho, uma das suas peças-chave, o magneto, começa a emitir ondas que atuam sobre as moléculas de água, gordura e açúcar contidas nos alimentos. Estas partículas absorvem a energia gerada e começam a vibrar: uma molécula bate na outra, e isso produz calor. Dependendo da densidade do alimento, as microondas penetram até 3 centímetros dentro dele, o que possibilita o cozimento de dentro para fora – e não a partir da superfície, como ocorre nos fornos convencionais.

– água contaminada! Somos uma caixa d´água ambulante contendo quase 100 quatrilhões de micróbios!

Justamente por isso, as radiações de um microondas devem ficar circunscritas ao aparelho. Caso contrário, podem ser prejudiciais ao organismo humano. Diante disso, todo microondas é blindado, isto é, as radiações que produz internamente não atravessam suas paredes. São retidas por uma grade de metal fixada junto ao vidro da porta. Além disso, possui um mecanismo de segurança que impede que ela se abra enquanto estiver em funcionamento.

Mas é sempre bom lembrar: em contato com o globo ocular, um eventual vazamento de radiação pode causar catarata e pequenas queimaduras de pele.

Assim, antes de mais nada, ao adquirir um microondas, você deve se preocupar com o lugar onde vai colocá-lo. Ele deve ficar em local plano e seguro – e nunca à mesma altura de sua cabeça.

Se quiser embuti-lo, respeite a distância de dez centímetros recomendada pelos especialistas, para permitir a ventilação tanto nas laterais como na parte de cima e no fundo do aparelho.

Outra coisa: o microondas deve sempre permanecer longe de aparelhos de TV ou rádio, para não sofrer interferência. E, importante, a tomada deve estar acessível para qualquer eventualidade.

Antes de ligar o forno, verifique a voltagem da sua casa e a do aparelho: ambos têm de estar em 120 ou 220 volts. Nunca use extensões ou benjamins para ligá-lo e recorra a um estabilizador

Maxilimpeza no microondas

automático de tensão de, no mínimo, 2000 volts, se as quedas de voltagem forem comuns na sua região.

Por fim, o mais óbvio: use sempre luvas térmicas para retirar os pratos prontos. Não parece, mas o calor produzido pelas microondas aquece o produto e este, por sua vez, esquenta louças e vasilhas em fração de segundos.

Como limpar?

Para higienizar o microondas, não se esqueça de desligá-lo antes da tomada. Utilize apenas uma esponja com sabão ou detergente neutro nas laterais internas. E retire o excesso com pano úmido. Nunca use produtos abrasivos, removedores ou detergentes que não sejam neutros. Esponja de aço, nem pensar!

Evite o acúmulo de detritos no batente do forno ou na superfície das travas de segurança para não prejudicar a vedação do aparelho. Para remover os resíduos mais difíceis, aqueça uma pequena jarra com água por 3 a 4 minutos. O vapor vai amolecer a sujeira e, depois, você só precisará usar sabão e esponja.

Para limpar o gabinete e a porta, use um pano com água e sabão neutro. Em seguida, enxágüe com um pano úmido e, por fim, passe um seco. No painel de controle, limite-se a passar um pano seco.

Se quiser tirar os odores do micro, coloque uma xícara de chá de água e duas fatias de limão em uma jarra refratária. Aqueça por 2 minutos em potência alta. Depois, retire a jarra e limpe o forno com um pano macio.

VOCÊ SABIA?

Ovos crus não podem ser cozidos diretamente, com a casca, no microondas. Para evitar a explosão do ovo devido à pressão do vapor, embrulhe-o em papel-alumínio e coloque dentro de um recipiente refratário com água. Ligue o forno por 3 minutos. A água aquecida vai transmitir calor para o alumínio e este, sendo um bom condutor de energia, vai cozinhar o ovo. Se o quiser estrelado, quebre-o, coloque numa tigela, fure a gema com um palitinho e tampe com plástico transparente, deixando um respiro. Dois minutos depois, o ovo estará pronto. É só colocar sal e se deliciar!

Dicas preciosas

Lembre-se: microondas não é secador. Não se presta para secar roupa ou outra coisa qualquer. Assim... nem pense nisso, por mais que a idéia lhe pareça excelente. Tampouco guarde sacos plásticos ou outros utensílios dentro dele: isso pode ser perigoso!

É recomendável nunca ligar o microondas vazio ou pré-aquecê-lo. Ao tampar recipientes, deixe sempre uma pequena abertura por onde o vapor possa sair. Embalagens totalmente fechadas costumam explodir com facilidade.

Maxilimpeza no microondas

Se o que estiver dentro do seu microondas pegar fogo, mantenha a porta do forno fechada! Retire imediatamente o fio da tomada, desligue o fusível ou a caixa de força da casa e só abra o aparelho depois de algum tempo.

Se notar que a dobradiça, o trinco ou a vedação da porta estão danificados e ela não está fechando corretamente, não use o forno e não o ligue nunca com a porta aberta.

Mantenha o cabo de força longe de superfícies quentes e evite pendurá-lo sobre a borda da mesa ou do balcão.

Antes de colocar alimentos no microondas, verifique se têm prendedores de arame de qualquer espécie. Neste caso, retire-os antes.

Batatas, maçãs, lingüiças e outros alimentos com pele ou membranas devem ser furados previamente, se forem colocados inteiros no forno. Assim, o vapor poderá sair e a comida não vai "estourar". Se colocar a batata para assar com a casca, fure-a com um garfo ou a ponta de uma faca. Faça o mesmo com salsichas e lingüiças. Descasque uma fatia da maçã, se quiser aquecê-la com casca e tudo no micro. Gema e clara de ovo também devem ser perfuradas com um palito antes. E, muito importante, não ofereça alimentos e mamadeiras que acabam de sair do micro a crianças e bebês antes de agitá-los e verificar a temperatura.

De olho na embalagem

Recipientes metálicos não podem ser

usados num forno de microondas. Sabe por quê? O metal presente em embalagens descartáveis de alumínio reflete as ondas, impedindo que elas cheguem até o alimento.

No entanto, você pode usar alumínio no micro desde que observe algumas recomendações que aparecem normalmente nas embalagens dos produtos industriais congelados. Anote:

Antes de ligar o forno, levante as bordas do recipiente de metal, retire a tampa revestida com superfície aluminizada e dobre-as novamente. Retirar essa tampa vai permitir que as microondas penetrem no alimento.

Verifique se a embalagem descartável de alumínio está cheia. Se não estiver, não use. Se for reaquecer pequenas quantidades, utilize outro tipo de recipiente. Lembre-se: para tirar o alimento embalado do microondas, você precisa proteger as mãos com luvas.

Para aquecer, posicione a embalagem no centro do prato giratório, mantendo uma distância mínima de 3 cm das paredes internas do micro. Também é aconselhável cobri-la com uma tampa plástica especial para microondas ou com papel-manteiga: isso evita que o alimento respingue e suje o forno, além de ajudar a manter o vapor do alimento.

Para embalagens com altura superior a 4 cm, é recomendável aquecer a comida em banho-maria.

ELETRODOMÉSTICOS & CIA

Craca no fogão????

Fogão sujo é uma festa para os olhos de qualquer germe! É quente e coberto de guloseimas!

Mas você pode acabar com a farra das bactérias na cozinha cobrindo a chapa com uma folha de papel-alumínio e deixando apenas os queimadores de fora. Além de preservar a higiene, isso ajuda a conservar a pintura e o esmalte do seu fogão.

Quando, por sua vez, os queimadores estiverem muito sujos, proceda da seguinte forma para limpá-los: prepare uma solução com meio litro de água e uma colher de chá de sal, suco de meio limão, uma colher de sopa de sapólio e duas colheres de sopa de vinagre branco. Mergulhe os queimadores e leve ao fogo até ferver. Em seguida, esfregue-os com uma esponja.

Para higienizar as partes esmaltadas do fogão, você tem duas alternativas: a primeira é usar uma esponja macia e detergente. A segunda é trocar a esponja pelo pano umedecido com água e sabão de coco ou detergente neutro. Neste caso, enxugue imediatamente depois com outro pano, bem seco. Fogões muito encardidos podem eventualmente pedir um pouco de bicarbonato de sódio misturado em água.

Craca no fogão????

FIQUE LIGADO!

Não use ácidos, abrasivos, produtos tóxicos ou palha de aço para limpar o forno. Não jogue água enquanto ele ainda estiver quente: a variação de temperatura muito rápida pode até rachar o esmalte e quebrar o seu fogão!

No forno, você pode usar sabão e escova para esfregar a sujeira ou, se a gordura não ceder, ligá-lo à temperatura máxima, deixar esquentar bem, desligar e acondicionar duas panelas – uma com amônia, outra com água fervente, uma em cima da outra, de maneira que o vapor espalhe a substância química por todo o lugar. Deixe a amônia agindo de um dia para o outro. Depois, é só passar um pano com sabão neutro e enxaguar com água.

Se você tiver um forno autolimpante e encontrar uma grande quantidade de gordura nas paredes, faça uma limpeza manual da seguinte forma: aqueça o forno um pouco e remova o excesso com um pano úmido ou uma esponja. Em seguida, amoleça os resíduos que sobraram com uma esponja embebida em água e amoníaco. Passe novamente um pano úmido para enxaguar bem.

ELETRODOMÉSTICOS & CIA

Um brinco de liquidificador!

Outro lugar que pode fazer a alegria das bactérias é o liquidificador. Quando não é bem lavado, junta tanto resíduo que acaba misturando o que se quer e o que não se quer misturar!

Depois de usá-lo – sempre que possível, imediatamente depois –, é preciso desatarrachar o copo e todas as peças removíveis e limpá-las detidamente, usando uma escova, água e detergente. Não use palha de aço ou produtos abrasivos, pois com o tempo eles podem tirar o brilho e a transparência do copo, das lâminas e tampas. Usar álcool, solventes ou detergentes muito fortes também pode prejudicar o aparelho.

Antes disso, porém, você pode fazer uma primeira lavagem grosseira colocando água até a metade do copo, um pouco de detergente e acionando o aparelho. Caso os resíduos sejam de natureza gordurosa – como óleo ou manteiga –, coloque água quente a aproximadamente 50°. Depois enxágüe sob a torneira.

Depois de lavado, para desinfetar, uma solução bastante eficaz é

Um brinco de liquidificador!

preparar um litro d´água com duas colheres de sopa de água sanitária e despejá-la dentro do copo. Acione em seguida o aparelho por uns 4 minutos e escorra. Não é preciso enxaguar de novo.

Para lavar a base, preste bastante atenção para que a tomada esteja desconectada. Utilize apenas um pano úmido com água e sabão neutro e lembre-se: nunca mergulhe esta parte do liquidificador na água e jamais use abrasivos!

ELETRODOMÉSTICOS & CIA

Água na garrafa térmica!

Constituída de frasco, jarra e eventualmente copo, além de ampola, na maioria das vezes de vidro – cuja função é isolar ao máximo o conteúdo e manter a temperatura dos líquidos –, as garrafas térmicas podem ser dotadas de rolha, ou não, bem como de bombas manuais ou bicos fixos.

São usadas tanto para guardar líquidos quentes como gelados, desde que, antes, seja feita a estabilização da temperatura interna conforme o que se vai colocar dentro.

Garrafas térmicas não devem ser limpas com sabão, água sanitária, cloro ou qualquer outro produto químico, pois isso pode danificar a borracha de vedação. Só podem ser lavadas com água quente e detergente neutro. Evite também escovas do tipo que são usadas para higienizar mamadeiras – isso pode ocasionar a quebra da ampola de vidro. Depois de lavar, enxágüe bem.

Água na garrafa térmica!

FIQUE LIGADO!

Leite e bebida gaseificada não combinam com garrafa térmica: o primeiro, sendo gorduroso e perecível, não deve permanecer muito tempo sem refrigeração ou abaixo de 60° C. A segunda porque aumentaria a pressão interna, causando vazamentos ou danificando a ampola de vidro interna. Caso coloque leite, limpe bem a garrafa, usando detergente neutro, água morna e um pano ou esponja macia. Deixe a garrafa aberta, arejando, para evitar formação de odor. Cuidado: não despeje leite fervente na garrafa, pois o choque térmico pode acabar danificando a ampola.

Para retirar os resíduos que ficam impregnados nas paredes internas, o ideal é você preparar uma mistura de água quente e uma colher de bicarbonato de sódio que encha toda a garrafa. Deixe repousar por algumas horas e em seguida enxágüe com água morna. Seque com um pano macio e deixe-a sempre destampada quando não estiver em uso.

Uma dica: para manter o calor do café ou de qualquer outro líquido, antes de colocá-lo na garrafa térmica, despeje água quente (não fervente) para bem aquecer as paredes internas. Faça o mesmo em relação às bebidas frias, mas não use pedras de gelo, pois podem danificar a ampola da garrafa.

Outro conselho: utilize a capacidade total da garrafa, pois o líquido permanecerá assim sob conservação por mais tempo. Mantenha sempre bem ajustados a rolha e o fundo do recipiente; e o conjunto, na posição vertical, para evitar vazamentos.

Garrafas térmicas dotadas de rolha são modelos antigos e mais simples e devem ser limpas apenas com água morna ou quente e detergente neutro. Depois de enxaguar, como sempre, deixe-a destampada até secar completamente.

Norma técnica

Segundo a Norma ABNT NBR 13282, de abril de 1995, as garrafas térmicas com ampola de vidro devem possuir as seguintes caracte-

VOCÊ SABIA?

A garrafa térmica foi criada no século XIX pelo inglês James Dewar. Ele não pretendia manter o café quentinho, mas tão-somente conservar soluções intactas no laboratório. Nunca patenteou sua invenção, mas um fabricante de vidros, o alemão Reinhold Burger, diminuiu o tamanho da engenhoca e enriqueceu, ao lançá-la para uso doméstico em 1903.

ELETRODOMÉSTICOS & CIA

Água na garrafa térmica!

rísticas: a) eficiência térmica - isto é, capacidade de conservar o líquido aquecido por um determinado tempo; b) resistência a choque térmico - ou seja, capacidade de resistir a rápidas variações de temperatura, passando de 20° a 96° C; c) resistência a impacto, de forma a agüentar uma queda de 10 cm de altura, quando estiver cheia; d) aderência de pintura ou decoração; e) capacidade volumétrica real; f) estabilidade, de maneira a não tombar quando estiver pousada sobre uma superfície plana; g) resistência da alça - isto é, condição de resistir a uma carga correspondente a três vezes seu peso, durante 5 minutos; h) volume bombeado - ou seja, depois de cheia, ser capaz de bombear pelo menos 93% de seu volume nominal; i) autobombeamento, de modo a não apresentar vazamentos depois de cheia com água a 90° C, e j) estanqueidade: uma vez cheia a 90° C e deitada sobre uma superfície plana durante 30 minutos, não deve apresentar vazamentos internos ou externos superiores a 2,0 e 1,0 g, respectivamente.

ELETRODOMÉSTICOS & CIA

Batedeira mimosa

Mesmo conselho: antes de começar a limpá-la, verifique se está desligada da tomada para evitar surpresas desagradáveis. Em seguida, remova os batedores imediatamente depois de usar o aparelho e lave-os. Não utilize a tigela para guardar sobras do preparo ou outros alimentos. Da mesma forma, lave-a com água e sabão. O corpo da batedeira (onde fica o motor) e seu pedestal devem ser limpos apenas com um pano úmido. Não use produtos abrasivos do tipo palha de aço, sapólio ou qualquer outra química que possa corroer sua batedeira.

Alimentos

ALIMENTOS

Cuidado com o que você come

Agora que a sua cozinha está em ordem, é hora de cuidar dos alimentos e ver se está tudo no seu devido lugar. Vamos passar para esta tarefa?

A grosso modo, você sempre deve dividir a comida em dois grandes grupos: os alimentos que não se deterioram rapidamente – como produtos desidratados, enlatados, defumados, balas e doces – e os demais.

ALIMENTOS

Cuidado com o que você come

Guarde os primeiros na despensa. Esse lugar deve estar limpo, ventilado e isento de goteiras, focos de bolor e insetos. Os outros gêneros alimentícios – carnes, ovos, hortaliças, queijos –, os chamados perecíveis, devem ser acondicionados em geladeira (4 a 5° C) se a intenção for de consumi-los no prazo máximo de cinco dias, ou no *freezer* (-18° C), caso devam ser usados mais para frente.

O armazenamento em despensa, a maneira de acondicionar alimentos na geladeira – como já foi visto –, de lavá-los na pia ou até mesmo o fato de deixá-los repousando um pouco sobre o fogão pode comprometer a qualidade do que você consome. Portanto, é mais fácil adotar alguns cuidados básicos ao manipular alimentos do que lamentar depois.

ALIMENTOS

Como manusear alimentos?

Confira sempre a temperatura da geladeira e do *freezer*. Para ela, o limite máximo é de 5° C; para ele, - 18° C.

Isso não matará as bactérias, mas diminuirá o ritmo em que se multiplicam – e, assim, quanto menor a densidade populacional desses seres indesejados, menor a probabilidade de ocorrerem doenças alimentares.

Para fazer a medição da temperatura interna dos seus aparelhos, o melhor é adquirir um termômetro próprio e ajustá-lo à temperatura desejada.

Sobras de alimentos exigem muito cuidado – particularmente no verão ou em dias de maior calor.

Como manusear alimentos?

Elas devem ser refrigeradas no máximo duas horas depois de terem sido preparadas ou aquecidas – e não necessariamente depois do final da refeição. Coloque-as em recipientes destampados na geladeira e, passadas duas horas, cubra ou tampe. Mantenha sempre nos potes uma etiqueta com a data em curso, o nome do produto e a data de validade. Assim, você poderá servir a comida no prazo de 3 a 5 dias. Depois disso, lixo!

Ao manipular alimentos crus, lave sempre muito bem as mãos. Utensílios e aparelhos usados para preparar alimentos crus também devem ser cuidadosamente limpos, principalmente se você for reaproveitá-los nos alimentos cozidos.

Para marinar carnes, por exemplo, faça-o sob refrigeração (na geladeira), e não sob a pia. E lembre-se: você pode consumir a carne previamente temperada depois de prepará-la na panela, mas deve jogar fora o suco em que ficou curtindo, pois ele provavelmente contém bactérias.

Querendo reaproveitar este suco – na preparação de alguns molhos, por exemplo –, muito cuidado na hora de usá-lo: deixe a

ALIMENTOS

Como manusear alimentos?

temperatura subir até o ponto de fervura e só depois misture-o aos demais ingredientes. Deixe ferver algum tempo: só assim, o risco de contrair doenças alimentares vai estar descartado.

ALIMENTOS

Como cozinhar com segurança?

Vai fazer carne?

Pois nem pense em lavá-la antes de colocar na panela: isso não tem utilidade alguma. Não afasta eventuais contaminações e, de quebra, ainda escoa nutrientes importantes da comida. Pior: aumentando a umidade da carne, cresce o seu risco de contaminação.

Especialistas recomendam cozinhar a carne pelo menos até 71° C antes de consumi-la – o que significa dar adeus ao churrasco malpassado e a outras preferências gastronômicas nacionais. E note bem: esta temperatura se refere à parte interna do alimento, e não ao calor que emana da sua porção superficial.

A orientação é especialmente dirigida aos chamados grupos de risco – crianças com menos de cinco anos de idade, idosos com mais de 60, mulheres grávidas e imunodeprimidos.

Temperatura ideal de cozimento de carnes de distintas procedências	
Porco	71° C
Cordeiro	71° C

Como cozinhar com segurança?

Vitela	71° C
Aves inteiras/coxas inteiras	82° C
Carne moída de frango e peru	74° C
Peito de aves	77° C
Peixes/frutos do mar	70° C

Como armazenar alimentos?

Produto	Temperatura para armazenar
Carne bovina (resfriada)	de 0° a 5° C
Carne bovina (congelada)	de -32° C a - 18° C
Carne bovina (maturada)	de 0° C a 5° C
Hortifrutis	temperatura ambiente
Ovos	de 4° C a 5° C
Massas frescas, doces e confeitados	de 0° C a 5° C
Laticínios	de 0° C a 8° C
Iogurte	de 0° C a 8° C
Manteiga em bloco	de 0° C a 8° C
Queijos	de 0° C a 8° C

ALIMENTOS

Como armazenar alimentos?

Arroz	temperatura ambiente
Feijão	temperatura ambiente
Cereais farináceos	temperatura ambiente
Amidos farináceos	temperatura ambiente
Peixes (resfriados)	de 0° C a 5° C
Peixes (congelados)	de - 32° C a - 18° C
Moluscos (resfriados)	de 0° C a 5° C
Moluscos (congelados)	de - 32° C a - 18° C
Polvo e lula (resfriados)	de 0° C a 5° C
Polvo e lula (congelados)	de - 32° C a - 18° C
Crustáceos (resfriados)	de 0° C a 5° C
Crustáceos (congelados)	de - 32° C a - 18° C

FIQUE LIGADO!

Não se deve nunca saborear massa de biscoito ou preparo de bolo que contenha ovo cru. Em caso de contaminação, os danos à sua saúde podem ser graves.

Como armazenar alimentos?

Camarão (resfriado)	de 0° C a 5° C
Camarão (congelado)	de - 32° C a - 18° C
Salgados	temperatura ambiente
Defumados	temperatura ambiente
Frios cozidos	de 3° C a 5° C
Curados	temperatura ambiente
Curados cozidos	temperatura ambiente
Embutidos	de 3° C a 5° C
Carne suína (resfriada)	de 0° C a 5° C
Carne suína (congelada)	de - 32° C a - 18° C
Carne caprina e ovina (resfriadas)	de 0° C a 5° C
Carne caprina e ovina (congeladas)	de - 32° C a - 18° C
Aves (resfriadas)	de 0° C a 5° C
Aves (congeladas)	de - 32° C a - 18° C
Vísceras (resfriadas)	de 0° C a 5° C
Vísceras (congeladas)	de - 32° C a - 18° C
Latas	temperatura ambiente
Vidros	temperatura ambiente

Como armazenar alimentos?

Massas secas	temperatura ambiente
Sucos concentrados	de 0° C a 5° C
Biscoitos	temperatura ambiente
Outros produtos embalados	temperatura ambiente

Quanto tempo se pode guardar alimentos de origem animal? Mantidos em condições adequadas de refrigeração (de 4 a 5° C), os alimentos podem resistir vários dias. Vejamos:

Frios sortidos (não fatiados)	15 dias
Salsichas a granel	12 dias
Hambúrguer, quibe e almôndegas	45 dias
Lingüiças frescas	15 dias
Apresuntados	30 dias
Presunto gordo	30 dias
Mortadela	45 dias
Leite *in natura*, A, B, Especial	24 horas
Leite Longa Vida	90 dias
Manteiga fresca	45 dias
Iogurtes e sobremesas	30 dias

ALIMENTOS

Como armazenar alimentos?

Requeijão cremoso	40 dias
Queijo-de-minas e ricota frescal	7 dias
Queijo-de-minas curado	75 dias
Queijo prato lanche e lanchinho	120 dias
Queijo provolone	120 dias
Mussarela	75 dias
Massa fresca	30 dias
Margarinas cremosas	75 dias
Bacon, lingüiça, paio, lombinho	45 dias
Salame, copa, presunto cru	120 dias

ALIMENTOS

Como descongelar corretamente?

- Procure manter os produtos em embalagens plásticas durante todo o processo de descongelamento.
- O descongelamento pode ser feito de duas maneiras: no microondas ou sob refrigeração (em temperatura nunca superior a 5° C).
- Depois de descongelado no microondas, o alimento deve ser preparado imediatamente.

Como descongelar corretamente?

- Uma vez descongelada, a comida deverá ser mantida a uma temperatura inferior a 5° C até ser preparada.

- Descongelado sob refrigeração, o alimento deve ser consumido em até 24 horas.

- Alimentos descongelados não devem ser colocados novamente no *freezer* – a menos que tenham sido preparados antes, pois tendem a estragar rapidamente.

- Líquidos, como água, sucos e sangue provenientes do descongelamento devem ser jogados fora e os respingos, devidamente limpos.

- Os recipientes usados para descongelar um produto devem ser bem lavados e desinfetados com água sanitária (duas colheres de água sanitária em um litro d'água).

Lancheira

LANCHEIRA

Tá escolarmente correta!

Pronto! Sua cozinha está em ordem? A despensa também? Já dá para respirar?

Ainda não... restam outros lugares que são verdadeiros ninhos de bactérias: o seu computador e... a lancheira do seu filho!

Vamos cuidar deles?

Leite com chocolate, misto frio, pão de queijo, sonho: hummmm...

LANCHEIRA

Tá escolarmente correta!

nem só criança adora guloseimas. Bactérias também – principalmente quando se trata de alimento perecível!

Conclusão: lancheira de escola que leva produtos que precisam de refrigeração acaba se transformando num viveiro de microrganismos, onde eles se multiplicam e engordam a seu bel-prazer.

Muitas mães acham que equipar os filhos com uma lancheira térmica é suficiente para garantir a baixa temperatura necessária para acondicionar qualquer tipo de alimento. Errado. Lancheira térmica – e nada mais – é a mesma coisa que geladeira desligada. Pior: sem refrigeração adequada, ela retém calor, tende a esquentar e o lanche estraga rapidamente.

Assim, existem apenas duas alternativas possíveis para acondicionar o lanche da garotada: nas lancheiras não térmicas só se deve colocar alimentos não perecíveis – isto é, nada do que estiver na geladeira de casa deve ir para a escola. Lancheiras com isolante térmico, por sua vez, podem conservar qualquer tipo de alimento por até 8 horas se estiverem equipadas com um gel congelado, daqueles que se vendem em farmácia.

Seja como for, é preferível observar alguns conselhos importantes para evitar surpresas desagradáveis: escolha a caixinha de achocolatado do tipo "longa vida", industrializado, em lugar do leite com chocolate em pó preparado em casa; ofereça uma fruta no lugar do sanduíche de frios; dispense cremes e molhos do tipo maionese e nunca use garrafinha térmica: afinal, bactéria que é bactéria adora um calorzinho, não é mesmo?

Teclado

TECLADO

Sopa de bactérias

Antivírus, antivírus meu: será que existe algum componente de computador que resista à sua faxina?

Existe, sim. Sabe qual é?

Teclado cheio de migalhas.

O teclado é onde internautas do mundo inteiro costumam deixar cair os restos do que comem enquanto usam o computador. Seja num escritório onde gente grande trabalha, seja numa *lan house* para crianças e adolescentes, teclado de computador é um es-

TECLADO

Sopa de bactérias

conderijo perfeito para bactérias. Ali, entre teclas e ruídos estranhos, elas crescem e se reproduzem – e todo dia é dia de festa!

Fios de cabelo, cílios, migalhas de pão, farofa de bolacha, casca de amendoim, lascas de unha, grãos de arroz: qualquer resto de comida é banquete para esses microrganismos.

E espirro de gente gripada? Outro perigo se o computador for usado por mais de uma pessoa: dependendo da sua virulência, um agente infeccioso pode se manter vivo até 72 horas nas frestas do teclado e contagiar internautas em cadeia.

Para evitar a contaminação, basta um gesto: lavar as mãos antes e depois de usar o computador. Nada mais.

Agora, se você fosse um cientista extremamente curioso e quisesse colocar à prova a tese de que toda bactéria gosta de se hospedar num teclado, teria ao alcance um experimento bastante simples: basta virar o teclado do avesso e dar uns tapinhas na sua base para expulsar o que estiver retido entre as frestas. Uma chuva de restos vai desabar: é sujeira que não acaba mais!

Recolha amostras e leve-as a um laboratório.

O resultado, você verá, é impressionante: são centenas de bactérias provenientes da saliva e, mais grave, de infecções as mais variadas – conjuntivite, otite, espinha, furúnculo.

Por isso, ouça este conselho: uma vez por semana, é preciso fazer uma faxina no computador. Depois de bater o teclado para tirar a sujeira mais grossa, use um secador de cabelos e jateie todas as teclas. Em seguida, pegue uma escova de dentes e escorregue-a pelas frestas do equipamento. Por fim, molhe um paninho numa mistura de água e detergente e passe no teclado.

Você também pode limpar o vão entre as teclas com uma haste de algodão umedecida com água e detergente. Por fim, passe outra haste com álcool isopropílico, à venda em farmácias de manipulação.

Periodicamente, você pode fazer uma faxina mais profunda no seu equipamento: tire uma fotografia do seu teclado, para lembrar a posição das teclas, e em seguida retire uma por uma. Com uma escova de dentes ou um cotonete, limpe-as com uma solução de água e detergente. Tome cuidado para não encharcá-las, pois isso poderia prejudicar o bom funcionamento do teclado. Seque cuidadosamente. Passe álcool isopropílico e, com a ajuda da fotografia que fez, coloque as teclas de volta no lugar.

Agora você já sabe: além dos antivírus de praxe, instale no seu computador um programa contra bactérias: mantenha alimentos longe do teclado e faça uma boa faxina semanalmente. Sua saúde agradece!

CAÇANDO BACTÉRIAS NA Rua

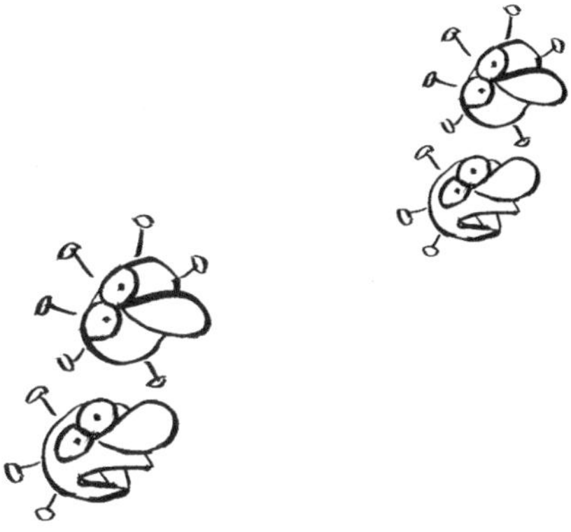

Férias

FÉRIAS

Adiós, trabalho

Adiós, trabalho; afazeres domésticos, *bye, bye!*

Vai sair de férias? Deixar para trás contas a pagar e supermercado por fazer? Pretende tirar alguns dias para descansar e aproveitar o feriado prolongado?

Ótima pedida!

No entanto, lamentamos ter de lembrar: microrganismos não dão folga nem na praia, nem no campo! E bactéria que faz jus

FÉRIAS

Adiós, trabalho

ao nome está sempre à espreita de um tira-gosto à beira-mar ou de um armário cheio de mofo onde jaz um quitute da temporada anterior.

O quê? Você é daqueles que acha que germes não resistem ao frio ou ao tempo e tendem a desaparecer?

Engano! Basta entrar numa casa de temporada de inverno para ver como isso não é verdade. Aliás, seja numa região serrana brasileira, seja num país estrangeiro de clima frio, ou na nossa própria residência, onde tem farra... existe ainda mais probabilidade de contaminação!

Por isso, o jeito é fazer uma faxina antes de começar a desfrutar os prazeres da temporada de frio.

O quê? Desistiu? Vai desligar o motor do carro?

Vamos! Coragem!

Aliás, já que estamos falando em carro, dê uma olhadinha no seu antes de subir a serra: tem automóvel que parece lanchonete sobre quatro rodas! Não resiste à menor inspeção de higiene!

FÉRIAS

BIP BIP, bactéria

São alimentos esquecidos por semanas a fio no console ou no porta-malas, restos e mais restos de biscoitos, balas e embalagens de salgadinho adormecidos sobre o estofamento ou nos vãos. Embaixo do banco, frutas; no porta-luvas – o lugar mais fresco do automóvel –, sanduíches; na parte de trás do veículo, onde ninguém lembra de olhar antes de sair, sucos ou refrigerantes, preferencialmente no chão. Isso para não falar dos envelopes e pacotes vazios amontoados num cantinho, e dos guardanapos sujos aqui e ali!

Resultado: estes alimentos acabam apodrecendo e atraindo formigas e baratas – aquelas menores, amarelas, que espalham uma infinidade de germes provenientes dos locais mais variados por onde passam.

Exagero? Quem tem filhos sabe. Para não jogar lixo na rua, as crianças são instruídas a deixar tudo ali mesmo, no carro. É quando, então, as migalhas de bolacha cobrem os tapetes e o estofamento do carro é carimbado com chiclete velho.

E quanto às bactérias? Multiplicam-se a bel-prazer!

Há aquelas provenientes do acúmulo de poeira, que podem causar problemas alérgicos na garotada, como rinites, e as que vêm com as baratas.

Mas há um terceiro problema: o ventilador ou o ar-condicionado do carro, cujo filtro deve ser trocado a cada seis meses, no mínimo, e que joga ar contaminado para dentro do automóvel, sujeitando os passageiros a contrair algum processo infeccioso.

BIP BIP, bactéria

Era tudo o que faltava: acionar o ar-condicionado durante a viagem e desfrutar da paisagem inalando... microrganismos!

A limpeza do carro, no entanto, é bem fácil. Basta seguir estas dicas preciosas:

- Passe um pano com desinfetante nos bancos, tomando bastante cuidado na hora de escolher o produto, para que não seja à base de água sanitária – pois pode manchar – e não tenha odor, para não causar irritações e cefaléias. Isso basta para que o automóvel fique livre dos germes.

- Para limpar o sistema de ventilação ou do ar-condicionado e livrar os passageiros do perigo de contaminação com mofo, principalmente bolor, você vai precisar de um canudo comum e de um odorizador de ar em *spray*.

- Com o carro desligado, abra todas as janelas de saída de ar. Coloque o canudo o mais fundo que puder numa das saídas de ar do carro e encaixe a outra ponta na saída do *spray*.

- Uma borrifada em cada saída é o suficiente. Repita a operação em todas as saídas de ar. Faça isso uma vez por mês e diga *bye bye* às bactérias.

- Importante: escolha um perfume que seja do seu agrado e de sua família, pois ele vai acompanhá-lo por um bom tempinho. Não se esqueça de ligar a ventilação com as janelas abertas e, logo em seguida, feche-as: isto evitará a entrada de ar impregnado de poeira no carro.

FÉRIAS

BIP BIP, bactéria

- Desligue o ar frio e deixe apenas o sistema de ventilação funcionando por pelo menos 5 minutos. Desta forma, você fará com que os filtros de ar sequem e não embolorem.

Bem, feito isso, de que falávamos mesmo?

Ahhh, sim! Das férias! Pois, férias, aí vamos nós!

FÉRIAS

Frio que te quero

Destino: uma casinha aconchegante no alto da serra.

As chaves badalam alegremente no seu bolso...a porta se abre. Imediatamente, um cheiro de fechado o acolhe: faxina à vista!

Uns passos pela casa e a impressão se confirma: você vai realmente ter trabalho para colocar tudo em ordem.

A inspeção continua: o primeiro lugar que agride os olhos é a cozinha: fogão encrostado, sujeira acumulada na pia, panelas grudentas e talheres mal lavados são o ambiente ideal para a reprodução dessas espécies tão indesejadas.

Será ainda preciso conferir se a caixa d'água está limpa e qual a cor da água que sai da torneira.

Uma vez vistoriada a cozinha, é hora de dar atenção aos quartos.

Agora, verifique se as paredes não estão emboloradas – pois fungo na parede só faz piorar os quadros de rinite – e observe se os colchões estão com manchas de umidade ou bolor.

Os colchões da cama devem respirar ao sol pelo menos uma vez por semana, já que são verdadeiros entrepostos de microrganismos.

O ideal é sempre levar consigo a roupa de cama limpa para poder trocar lençóis e fronhas antes de deitar e seguir à risca dois mandamentos importantíssimos: nunca comer na cama ou colocar os sapatos em cima dela. Outro cuidado importante na hora da faxina: em hipótese alguma empurrar com a vassoura a poeira para debaixo do tapete!

Frio lembra cobertores, malhas de lã, gorro, luvas, cachecol. E onde se guarda tudo isso?

No armário, claro!

Na gaveta ou no cabide, não faz diferença. Não é este o jeito certo de guardar roupa de inverno. Pior ainda se guardar sem lavar... até a próxima estação!

Há ainda quem guarde dentro de malas, em cima do armário, e, uma vez por ano, se entretém com o ritual de trazer tudo abaixo.

Frio que te quero

Errado. Erradíssimo! Não precisa ser especialista em seres microscópicos para entender o problema. Basta ver: quando se tira roupa mofada do armário ou da mala, a primeira reação da gente é coçar o nariz compulsivamente. São os ácaros e os fungos em ação.

Para remediar, é preciso limpar o armário por dentro e por fora com uma receita antimofo infalível: pano limpo embebido em vinagre branco. Nada mais. E para que o cheiro desapareça – tanto o do vinagre, quanto de mofo –, basta deixar as portas do armário abertas por alguns instantes.

Mas... e a roupa?

Ela também vai precisar de um trato. Vai precisar ser lavada, seca ao sol, e, quando estiver bem sequinha, deverá ser guardada dentro de um saco plástico. Simples assim!

Para pessoas mais sensíveis ou portadoras de rinite, recomenda-se não só lavar, secar e guardar em saco plástico toda a roupa de frio e os cobertores, mas também colocá-los dentro do *freezer* por 12 horas.

Para isso, claro, você vai precisar esvaziá-lo, pois não se misturam luvas, meias e lasanhas congeladas, para em seguida acondicionar nele todos os seus pertences de inverno previamente envoltos em sacos plásticos: bonés, malhas, meias, mantas – os ácaros que se escondiam entre as tramas da lã vão entrar numa fria! Doze horas depois, não há ácaro que resista!

Asseio no banheiro

Continuando com a sua cruzada antibacteriana pela casa, sua próxima parada é o banheiro, segundo ponto de encontro preferido dos microrganismos causadores de doenças (o primeiro é a cozinha) e lugar onde todo mundo está sujeito a apanhar um processo de infecção de pele, se tiver alguma ferida e encostar num lugar contaminado.

Tudo limpo? Privada asseada? Chão varrido? Pia brilhando?

Ainda assim, é preciso tomar algumas precauções. Se as escovas de dente estiverem sobre a pia, num copo ou num porta-escovas, acredite: elas estão certamente contaminadas por matéria fecal.

Como? Por quê?

Simples: quando damos descarga com a tampa da privada aberta, o *spray* d'água que sobe do vaso sanitário fica em suspensão por quase duas horas no banheiro e pode chegar a até 6 metros de altura – verdadeiras bactérias astronautas! Resultado: ele traz à tona centenas de bactérias que se encontravam no fundo da privada e as dispersa por todo o ambiente. Esses microrganismos acabam pousando nas cerdas das escovas de dente e ali ficam até que alguém faça alguma coisa.

E o que fazer?

É fácil: basta higienizá-las após o uso, sacudindo-as para retirar a água excedente, e aspergir, em seguida, um *spray* à base de gluconato de clorexidina 0,12%, à venda em farmácias de manipulação, ou produtos enxaguatórios bucais.

E, da próxima vez que der descarga na privada, lembre-se: tampa fechada!

Outro cuidado importante no banheiro diz respeito ao aparelho de barbear. Geralmente, ele acaba fazendo companhia para as escovas de dente, em cima da pia.

Errado: quando se usa a lâmina de barbear, além dos pêlos, raspam-se células mortas, creme de barbear, espinhas, cravos – e uma infinidade de outros microrganismos. Colocados ao lado das escovas, num ambiente essencialmente úmido, ajudam as bactérias a se multiplicarem.

O certo é limpar detidamente o aparelho de barbear com água corrente e, de preferência, mantê-lo coberto.

Antes de terminar a vistoria do recinto, há ainda um último detalhe a ser inspecionado: a presença de moscas de banheiro nas paredes, aquelas pequeninas com asas transparentes, arredondadas, chamadas "moscas dos drenos" (*Psychoda alternata*).

Se houver uma delas, pode apostar: está na hora de limpar o ralo do banheiro!

Explica-se: de vez em quando, aparece em volta do ralo uma gelatina onde crescem bactérias. A mosquinha põe seus ovos nessa gosma; eles eclodem, crescem em forma de larvas que se alimentam dessas bactérias e vivem nessa gelatina.

Como limpar?

Coloque luvas, use água quente com detergente, uma escova e

Asseio no banheiro

esfregue muito bem as paredes do ralo. Em seguida, enxágüe com água quente. Despeje uma solução de água sanitária (um copo por litro de água) e... pronto! Da próxima vez, você já sabe: apareceu mosca de banheiro, é hora de cuidar da limpeza dos ralos!

FÉRIAS

Bactéria de biquíni?

Praia rima com virose?

Infelizmente, sim!

Em tempo de férias, quando a superlotação de banhistas e o próprio calor chegam a afetar a qualidade dos alimentos comercializados, qualquer raspadinha vendida à beira-mar por um ambulante inescrupuloso ou desconhecedor dos preceitos higiênicos para a venda desses produtos pode se transformar numa bomba de efeito retardado para o seu organismo.

Bactéria de biquíni?

As crianças são as primeiras vítimas, claro. Mas adultos e idosos também são vulneráveis às delícias praianas e, por isso, todo cuidado é pouco para não transformar dias de sonho em horríveis pesadelos.

Desconfiar dos frutos do mar, mesmo estando na praia, é sensato.

Ostras são depuradoras do oceano: limpam os mares, absorvendo sua água para reter a matéria orgânica que os polui. Uma ostra chega a absorver um litro de água por hora e funciona como um filtro vivo que capta impurezas de toda sorte na água para devolvê-la mais limpa ao mar.

Como também retém a poluição provocada pelo homem no mar ou nos rios que vão dar no oceano, ela se torna um alimento potencialmente perigoso. E não há limãozinho milagroso que

VOCÊ SABIA?

Gelo direcionado para o consumo humano deve obrigatoriamente ser produzido com água potável, como no caso daquele que se compra em sacos e que vem na forma de cubinhos. O gelo vendido em barra – e moído nas praias – geralmente é comercializado para efeito de refrigeração e, como tal, muitas vezes não é necessariamente produzido com água potável.

possa desinfetá-la ou inibir o surgimento de doenças como a hepatite A ou cólera, se ela estiver contaminada por esses microrganismos.

Por isso, antes de se deliciar com ostras, verifique qual a procedência e se elas estão imersas num tanque de água limpa há pelo menos umas 12 horas – ou, melhor, prefira aquelas que são provenientes de sítios de cultura devidamente organizados.

O camarão, por sua vez, é rico em aminoácido histidina e, estando velho ou contaminado por bactérias – em caso de refrigeração insuficiente –, pode dar origem a uma superprodução de histamina no alimento, e esta acarretar no organismo verdadeiros envenenamentos. Trata-se de um processo semelhante a uma alergia: desencadeia sudorese, calor excessivo, aparecimento de manchas avermelhadas pelo corpo e pode provocar problemas mais graves, como um edema de glote.

Por isso, ao comer camarão, dê atenção à casca antes que ele seja frito. Veja que ela deve sair por inteiro e facilmente. Se estiver grudada na carne, não coma. Se tiver qualquer outra suspeita ou dúvida, dispense.

Sanduíches naturais também não devem estar a salvo de inspeção, apesar do nome, principalmente se fizerem uso de produtos perecíveis: observe como estão armazenados e se estão conservados sob refrigeração. Atente para a higiene do vendedor e da caixa térmica que utiliza para transportar sua mercadoria. Note a embalagem dos sanduíches, se têm rotulagem com a relação de ingredientes usados, a data de fabricação e de validade. Lembre-se: o produto que você vai consumir tem de estar frio, caso contrário desista. E desconfie sempre dos molhos e cremes usados. Maionese, só industrial!

Bebidas também podem dar dor de cabeça. Embora a transmissão da leptospirose seja possível (teoricamente), necessitaria que as bebidas permanecessem a uma temperatura superior a 21° C e contivessem em sua superfície restos de urina recente de animal com leptospirose. Este fato é bastante difícil de acontecer, no entanto, existe a necessidade de uma higiene como o costume de lavar a superfície das latas ou mesmo utilizar canudos.

A leptospirose, causada pela bactéria *Leptospira interrogans* se manifesta inicialmente com o aparecimento de uma febre alta e repentina, sensação de mal-estar, dor de cabeça constante e acentuada, dor muscular intensa, cansaço e calafrios.

Dor abdominal, náuseas, vômitos e diarréias são igualmente freqüentes e podem levar à desidratação. É ainda comum que os pacientes fiquem com os olhos muito vermelhos e comecem a tossir e a ter faringite. Após alguns dias de aparente melhora, os sintomas podem ressurgir, ainda que de forma menos agressiva.

Nessa fase costumam aparecer manchas avermelhadas pelo corpo e o paciente pode contrair uma meningite, que, em geral, tem boa evolução. A maioria das pessoas melhora ao cabo de uma semana, mas em 10% dos casos a doença é fatal.

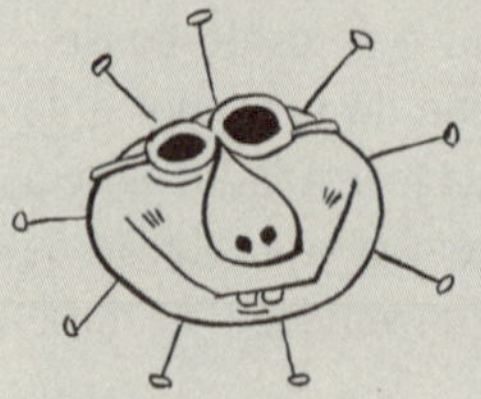

Para não se expor a tal perigo basta sim-

VOCÊ SABIA?

Nos Estados Unidos existe um Programa Nacional de Controle de Moluscos e Ostras que obriga os comerciantes a manterem por 12 horas as ostras imersas em água limpa e constantemente esterilizada por ultravioleta, antes de vendê-las.

plesmente lavar a latinha debaixo de um fio d´água corrente. Nada mais. Muita atenção também aos canudos que, depois de mergulhados nas latas de refrigerante, são reaproveitados das lixeiras mais próximas por vendedores inescrupulosos.

Estando contaminados, os canudos podem causar doenças como herpes labial, candidíase bucal (*Cândida albicans*), cáries (*Streptococcus mutans*) e até mesmo gastrites e úlceras (*Helicobacter pylori*).

Quanto à raspadinha que faz a alegria da criançada, uma observação: como se trata de gelo moído misturado a um xarope adocicado e eventualmente acrescido de leite condensado, castanhas picadas, chocolate granulado ou paçoca de amendoim, é preciso antes de mais nada verificar a procedência do gelo: foi feito com água potável?

Bactéria de biquíni?

Se não foi, basta dizer que bactérias não morrem ao serem congeladas: se a água usada estava contaminada, o gelo também vai estar. E pior: os consumidores potenciais da famosa raspadinha, isto é, as crianças, são considerados "grupo de risco", pois apresentam baixa resistência.

Assim, antes de ceder aos apelos dos seus filhos, verifique as condições de higiene do carrinho e a apresentação do próprio ambulante. Observe onde o gelo está acondicionado e não tenha vergonha de perguntar a procedência dele. E mais: o leite condensado não deve ficar diretamente na lata de alumínio que foi aberta: deve ser passado para uma bisnaga de plástico ou qualquer outro recipiente limpo.

Por fim, desconfie do vendedor que usa a mesma mão para pegar dinheiro, raspar gelo e empurrar seu carrinho. No mínimo, exija dele que use luvas ao preparar as guloseimas das suas crianças.

Festas

FESTAS

Olho no banquete

Tradicionalmente, festas de fim de ano são sinônimos de congraçamento em torno de uma mesa farta. Muitas vezes, porém, a vigília de Natal se estende até o dia amanhecer – e os pratos em temperatura ambiente também. Resultado: bactérias e outros microrganismos variados já fizeram a festa à parte, multiplicaram-se ou produziram verdadeiros venenos nos alimentos, e estes, uma vez ingeridos, farão da data um dos momentos mais inesquecíveis da sua vida.

Mas isso tudo pode ser evitado com alguns cuidados básicos.

Olho no banquete

O primeiro erro consiste em encomendar a um restaurante, bufê, padaria ou quituteira o seu pernil, leitão ou qualquer outro assado e só levá-lo para casa bem depois que ele permaneceu duas horas – e nada mais – à temperatura ambiente, à sua espera.

Ao chegar em casa, outro erro: deixá-lo em cima da geladeira, do fogão ou da mesa, à espera dos convidados – e lá se vão mais algumas horas entre bate-papo e petiscos iniciais.

Resultado: aqui e ali, já se passou tempo suficiente para que as bactérias encontrem ambiente propício para o seu desenvolvimento: será preciso mais do que uma pitadinha de sorte para evitar transtornos alimentares em pelo menos um dos convidados.

O correto é encomendar o prato para determinado horário e retirá-lo ainda quente. Em casa, é preciso colocá-lo na geladeira, a uma temperatura entre 4 e 5° C, e, antes de levá-lo para a mesa, reaquecer a mais de 75° C. Em seguida, é necessário calcular no máximo meia hora entre a entrada triunfal do prato na sala de jantar e o início da refeição.

No final da comemoração, quando todo mundo acabou de se servir, não se deve deixar os alimentos sobre a mesa. Eles devem ser colocados na geladeira, descobertos, e duas horas depois já podem ser tampados.

Quanto às sobras, você decide: se for utilizá-las no dia seguinte, reaqueça-as a mais de 75° C e sirva em seguida. Mas, lembre-se: o que sobrar desta vez deve ir para o lixo.

Se for reaproveitar o que sobrou só depois de 4 ou 5 dias, congele (-18° C). Coloque em sacos plásticos próprios para *freezer*, tomando cuidado em eliminar o ar de dentro e etiquetar com o nome do produto, a data de congelamento e a de validade. Tome as mesmas providências em relação a maioneses, doces e outros pratos.

Na tabela abaixo, você pode se informar sobre os problemas acarretados por cada prato infectado por bactérias, bem como os erros mais freqüentes que permitem que elas proliferem:

Tipo de Alimento	Microrganismo	Erro Freqüente	Sintomas
Assados (pernil, leitão, carnes, cozidos, tender)	*Clostridium perfringens*	▪ Assar muito tempo antes de consumir. ▪ Manter mais de duas horas à temperatura ambiente ou abaixo de 60° C. ▪ Reaquecer de forma inadequada ou não fazê-lo.	▪ Início: em geral 8 a 12 horas depois de comer. ▪ Sintomas: dor abdominal, vômito e diarréia. Duram um dia ou menos. São mais sérios em idosos e pessoas debilitadas.

Olho no banquete

Tipo de Alimento	Microrganismo	Erro Freqüente	Sintomas
Assados (pernil, leitão, carnes, cozidos, tender)	*Salmonella*	▪ Cocção inadequada. ▪ Manter mais de duas horas à temperatura ambiente ou abaixo de 60° C. ▪ Reaquecer de forma inadequada ou não fazê-lo.	▪ Início: em geral 8 a 12 horas depois de comer. ▪ Sintomas: dor abdominal, náusea, vômito e diarréia. Duram um dia ou menos. São mais sérios em idosos e pessoas debilitadas.
Assados (pernil, leitão, carnes, cozidos, tender)	*Escherichia coli 0157:H 7*	▪ Cocção inadequada. ▪ Reaquecer de forma inadequada ou não fazê-lo. ▪ Ingerir produtos crus ou semicrus.	▪ Início: podem surgir 2 a 5 dias após a ingestão do alimento e permanecer por até 8 dias. ▪ Sintomas: leves ou não. Possibilidade de diarréia sanguinolenta severa e síndrome urêmica hemolítica.

Tipo de Alimento	Microrganismo	Erro Freqüente	Sintomas
Saladas e frutas: hortaliças, legumes (maionese, salpicão); palmito e outros enlatados	*Clostridium botulinum (toxina botulínica)*	▪ Ingestão de palmito e outros produtos envasados sem ferver por 10-15 minutos.	▪ Início: 4 a 36 horas depois da ingestão de alimento contaminado. ▪ Sintomas: visão dupla, dificuldade para engolir e falar, paralisia flácida e progressiva do sistema respiratório. Buscar assistência médica urgente. O botulismo pode ser fatal.
Saladas e frutas: hortaliças, legumes (maionese, salpicão); palmito e outros enlatados	*Amebíases Entamoeba Histolytica*	▪ Higienização inadequada de frutas e hortaliças.	▪ Início: 3 a 10 dias depois do contato. ▪ Sintomas: cãimbras abdominais severas, sensibilidade no cólon e fígado; diarréia e perda de peso, fadiga e eventual anemia.

Olho no banquete

Tipo de Alimento	Microrganismo	Erro Freqüente	Sintomas
Saladas e frutas: hortaliças, legumes (maionese, salpicão); palmito e outros enlatados	*Vírus da Hepatite A*	▪ Higienização inadequada de frutas e hortaliças.	▪ Início: começa com decaimento, perda de apetite, náusea, vômito e febre. ▪ Sintomas: depois de 3 a 10 dias, icterícia com urina escura. Eventuais danos ao fígado e morte.
Frutas secas	*Toxinas de fungos (microtoxinas)*	▪ Ingestão de produtos embolorados.	Câncer hepático.

Tipo de Alimento	Microrganismo	Erro Freqüente	Sintomas
Rabanadas	*Salmonella*	▪ Fritura inadequada. Contaminação de manipuladores ou utensílios.	▪ Início: em geral 8 a 12 horas depois de comer. Sintomas: dor abdominal, diarréia, náuseas, vômitos. ▪ Sintomas moderados, salvo em pessoas idosas ou doentes.
Doces cremosos, tortas e bolos	*Staphylococcus aureus*	▪ Falta de higiene ao manipular. ▪ Contaminação pela saliva. ▪ Contaminação cruzada (por utensílios).	▪ Início: 30 min a 8 horas depois de comer. ▪ Sintomas: diarréia, vômitos, náuseas, dores abdominais, espasmos, cansaço. Dura de 24 a 48 horas.

Dia de churrasco!

Não precisa ser gaúcho para saber: churrasco bom é aquele que não provoca mal-estar depois, por conta de uma doença alimentar.

Para evitar dor de cabeça mais tarde – e também enjôo, vômitos e diarréia –, o melhor a fazer é manter tudo em ordem e perfeitamente limpo. Assim, as bactérias e demais intrusos microscópicos serão barrados na festa.

Você começa a controlar a proliferação de microrganismos durante o seu churrasco quando coloca, por exemplo, a carne para descongelar dentro da geladeira, cerca de 8 a 18 horas antes da festa. Se ela for tirada do *freezer* e pousada sobre a pia enquanto o gelo derrete, assim que atingir a temperatura ambiente, as bactérias começarão a se multiplicar.

Se preferir, pode optar por descongelar no microondas, basta selecionar a tecla "descongelar" de seu aparelho e... mãos à obra!

Mas note que, neste caso, é importante providenciar o preparo da carne logo após o descongelamento. Não sendo possível, leve para a geladeira (temperatura inferior a 5°C).

Uma vez descongelada, a carne deve ser acondicionada em caixas térmicas com gelo, mas tome cuidado para não misturar as peças de diferentes procedências – carne de porco, aves e outras. Verifique também se a água do descongelamento não está se misturando às carnes.

Outra dica importante: nunca use a mesma faca e a mesma tábua de corte para carnes cruas e assadas – aliás, tábua de corte ideal é aquela de plástico. Se por ventura a tábua de corte estiver contaminada, para atingir a carne assada, a bactéria só vai precisar fazer uma baldeação por intermédio daquela faca.

Por isso, é indicado usar facas e tábuas de corte distintas, tomando o cuidado de lavá-las sempre depois de usá-las. Outra fórmula caseira para erradicar bactérias é jogar vinagre branco nas tábuas depois de lavá-las e deixá-lo escorrer até secar.

Utilidades mil

Além das caixas térmicas para carnes e bebidas, você terá de providenciar uma espécie de pequeno arsenal bem perto da churrasqueira. Convém cuidar destes detalhes antes do início da festa, pois, por incrível que pareça, pequenos desastres – como uma garrafa que se espatifa no chão ou um prato de farofa que voa pelos ares – só acontecem quando a gente está mais desprevenida.

Dia de churrasco!

Ao lado da churrasqueira, não se esqueça de providenciar o material de limpeza:

- Detergente
- Esponja
- Pano de prato
- Papel para secar as mãos
- Rodo e pano de chão
- Balde com uma solução de água e detergente
- Balde com água limpa
- Lixeira com tampa forrada com saco plástico
- Água sanitária
- Vinagre branco

Você também precisará de:

- Carvão
- Sal grosso
- Duas facas (para carne crua e carne assada)
- Chairas
- Garfos de churrasqueiro

- Pinças para churrasco
- Duas placas de corte de plástico
- Assadeiras
- Bandejas
- Pratos e copos (de preferência descartáveis)

Mãos à obra?

Ao se ocupar da carne, antes de manipulá-la, esteja ela assada ou não, lave as mãos. Faça o mesmo antes de pegar em carvão, sal grosso ou remexer dentro da caixa térmica em busca de uma carne ou de alguma bebida.

Tempere, salgue e corte a carne em placa de corte própria, assadeira, forma ou vasilha de plástico – principalmente se for

FIQUE LIGADO!

Uma vez descongeladas, é contra-indicado recongelar carnes ou sobras. Por isso, preste bastante atenção no seu número de convidados e na quantidade de carne necessária para saciar a todos. Não tire do *freezer* ou compre mais do que o necessário.

FIQUE LIGADO!

Fumaça em churrasqueira é, na maioria das vezes, provocada por carvão umedecido. Faz os olhos arderem, impregna-se na carne, nos móveis, nas cortinas, nas roupas dos convidados. Para acabar com ela, basta fazer o seguinte: em um quarto de copo d´água adicione sal grosso até completar o volume. Misture bem e despeje devagar sobre todo o braseiro. Se não conseguir cobrir todas as brasas com sal, repita a operação.

mariná-la em molhos ácidos, como uma vinha d´alho, já que pode haver reação química em recipientes de metal. Coloque para assar e, quando pronta, use a placa de corte própria.

Está no ponto?

Carne na brasa pode ser apetitosa bem ou mal passada. No entanto, nem toda carne se presta a um rápido churrasqueio.

Aliás, para acender a churrasqueira, prefira um dos métodos mais seguros de fazê-lo: molhe alguns pedaços de pão em álcool, misture-os ao carvão e jogue o fósforo aceso.

Existe outra maneira de acender a churrasqueira. Trata-se de uma técnica fácil e pouco arriscada que consiste em enrolar várias voltas de papel higiênico em torno da mão até formar um cone. Retire-o com a outra mão e coloque-o em seguida na churrasqueira. Cubra-o com óleo de cozinha e arrume em volta dele vários pedaços de carvão. Ateie fogo no cone e em instantes terá um braseiro.

Lembre-se de não deixar o fogo alto. Estudos garantem que o contato da chama com a carne permite a formação de substâncias que causam câncer.

Carne bovina pode ser malpassada. Mas carne de frango ou de porco tem de ser bem passada, por conta de uma bactéria chamada *Salmonella*, muito conhecida.

Para descobrir qual o ponto da carne sem cortá-la, basta pressionar com as costas do garfo: de maneira geral, quanto mais macia, menos passada está, e, do contrário, quanto mais firme, mais passada.

Embora cada um tenha suas preferências, recomenda-se que crianças menores de cinco anos e idosos com mais de 60 anos, grávidas e portadores de doenças imunodepressoras evitem comer carnes bovinas malpassadas: elas podem conter bactérias causadoras de Doenças Veiculadas por Alimentos (DVA), como a *Salmonella spp*, a *Listeria monocytogenes* e a *Escherichia coli 0157:H7*.

Quanto às demais carnes – de frango ou de porco –, a orientação é uma só para todo o mundo: para saboreá-las, é preciso esperar que fiquem bem passadas.

Dia de churrasco!

Quando estiver pronta, retire e corte usando a outra placa destinada às carnes assadas e uma faca limpa. Sirva de preferência em pratos descartáveis, a opção mais higiênica.

Mais uma vez, lembre-se de lavar as mãos e de manter quente o que for comida quente e frio o que deve permanecer frio.

Carne de churrasco rima muito bem com salada de maionese. À base de batata, cenoura, ervilha e vagem, leva também gema de ovos, óleo e vinagre ou limão, com os quais se faz o molho propriamente dito – a chamada maionese. Mas não é aconselhável fazê-lo com ovos crus, em casa, porque eles podem ter *Salmonella enteritidis*, entre outros microrganismos que causam doenças alimentares como a de nome salmonelose. Use somente maionese industrial para preparar este acompanhamento de carne.

Uma vez pronta, mantenha a salada sob refrigeração, a temperaturas inferiores a 5° C até a hora de levar à mesa, e não a deixe em temperatura ambiente por mais de duas horas. Você pode refrigerar as sobras, se quiser, mas terá de consumir tudo em até cinco dias se as mantiver a 4° C.

O que fazer com as sobras?

Depois que servir o churrasco para toda a família, veja o que fazer com a carne que sobrou.

A carne assada pode ser congelada (-18° C) por quatro meses. A crua também. Mas, quando for descongelá-la de novo, precisará fazê-lo na geladeira. Agora, se sobrar carne que já foi congelada uma vez no seu próximo churrasco, não tem jeito: vai precisar jogar fora!

VOCÊ SABIA?

Carne maturada é carne fresca embalada a vácuo e logo em seguida armazenada em câmara frigorífica à temperatura constante de - 1 a + 1° C, por um período de 20 a 30 dias aproximadamente. Durante esse tempo, algumas enzimas da própria carne agem "quebrando" as fibras, o que a torna mais macia e suculenta. Neste processo não são adicionados aditivos químicos. A aparência ligeiramente escura se dá em função da desoximioglobina na ausência de oxigênio – e a cor se restabelece assim que a carne é retirada da embalagem. Eventualmente, ela pode apresentar um odor não muito agradável, mas característico do processo de maturação.

Se sobrar carne pronta e ela ficou menos de duas horas em temperatura ambiente, acondicione-a num recipiente sem tampa e refrigere. Aguarde mais duas horas e feche. Se a sua geladeira estiver funcionando a 4° C, poderá consumir este alimento em até cinco dias. Mas não se esqueça de reaquecê-la a uma temperatura superior a 75° C antes de servi-la.

FESTAS

Dia de churrasco!

Você sabia?

O churrasco surgiu no Rio Grande do Sul, no século XVII, quando a conquista da região dos pampas opunha castelhanos e paulistas. Ocupada por milhares de cabeças de gado selvagem que perambulavam entre a Argentina e o Brasil, a terra natal do churrasco ainda não se preocupava, na época, com o comércio de carne bovina – mais importante eram o couro e o sebo do animal. Para isso realizavam-se as vacarias – matanças de gado –, oficiais ou clandestinas, estas a cargo de soldados desertores que acabaram por dar origem aos gaúchos. Durante essas vacarias, depois de correr, cercar e matar os bois, os vaqueiros cortavam o pedaço mais fácil de partir e o colocavam para assar, inteiro, num buraco aberto no chão, temperando-o com as cinzas do braseiro, o que pode ser considerado como a origem mais remota do ritual gaúcho. No final do século XVII, o churrasco se tornou uma prática cada vez mais difundida e novas técnicas para o seu preparo foram criadas. Uma delas consistia em temperar a carne com a *carona*, nome dado à peça formada por duas abas de couro que se coloca debaixo da sela do cavalo. Impregnada de suor do animal, permitia assim salgar a carne. Quando os colonos portugueses receberam terras e estabeleceram novas estâncias, o churrasco tornou-se definitivamente um hábito nos pampas e foi sendo enriquecido. Surgiram cortes especiais de carne: a costela, a paleta e o matambre – designação proveniente do espanhol *mata hambre* (mata fome), que alude a um pedaço de carne dura e de cozimento lento, em geral o primeiro a ser consumido pelo gaúcho.

É tempo de Páscoa

Pensou em Páscoa, pensou em bacalhau e chocolate.

Para festejar a data e preparar os mais tradicionais pratos inspirados na cozinha portuguesa, muitas donas de casa saem à caça – ou melhor, à pesca – do bacalhau, uma fina iguaria, aqui no Brasil, a julgar o seu preço mais que salgado.

O que muita gente não sabe é que bacalhau verdadeiro só existe um – o *Cod Gadus morhua*. Bacalhau também é nome dado ao produto submetido à técnica de secagem e salga, durante a qual o peixe perde quase metade dos líquidos que acumula.

Um bom número de espécies se presta à produção de bacalhau – portanto, há opção para todos os bolsos. O *Cod Gadus macrocephalus*, o *Saithe*, o *Ling*, o *Zarbo* são algumas das que integram o Guia do Conselho Norueguês de Pesca.

Tradicionalmente, usa-se o *Cod Gadus morhua* para fazer bacalhau: é o mais nobre de todos. Pescado no Atlântico Norte, fornece postas altas, largas e de coloração palha. Uma vez cozido, sua carne se desfaz em lascas tenras.

No Brasil, vende-se bacalhau em postas, tiras ou lascas. Em qualquer caso, é importante que o produto tenha o carimbo do Serviço de Inspeção Federal (SFI). Em São Paulo, este carimbo pode ser substituído pelo do SISP (Serviço de Inspeção de São Paulo) ou pelo SIM (Serviço de Inspeção Municipal).

Além do registro no órgão de fiscalização competente e da procedência do produto, você também deve estar atento à data de acondicionamento e ao prazo de validade.

Via de regra, o prazo de validade do bacalhau está relacionado à cura: quanto mais curado, maior vida útil terá. De modo geral, podemos estimar com boa margem de segurança que, se for salgado, seco e corretamente armazenado, terá prazo de validade de um ano.

Como comprar?

Para saber se você está comprando um bom bacalhau, é preciso observar algumas dicas.

A primeira é saber se o sal está todo cristalizado. Se estiver, bom sinal: a umidade do peixe foi absorvida de maneira homogênea.

Uma maneira de saber se o alimento está bem curado é segurar o peixe por uma das suas extremidades e levantá-lo. Se ele envergar sob seu peso, é indício de que contém ainda muita umidade. Foi salgado errado. Em resumo, bacalhau bem curado é aquele que se mantém firme, rígido e não arqueia ao ser manuseado.

Agora, se a pele do peixe ceder ao menor toque dos seus dedos, escolha outro. Não houve cristalização de sal e o alimento pode estar em processo de deterioração.

Manchas avermelhadas ou pintas pretas no dorso são sinais de bolor. São bactérias em ação! E bacalhau embolorado é risco de ingestão de uma toxina que costuma provocar intoxicação alimentar grave.

Por fim, o cheiro: cheiro de bacalhau podre dispensa comentários... não passa batido nunca!

Olho vivo nas bactérias do bacalhau

Se a pele do bacalhau estiver tingida de rosa, é sinal de que bactérias como as *Halobacterium* e as *Halococcus* cresceram demasiadamente. Presentes em altas concentrações de sal, podem prejudicar a qualidade do alimento.

Manchas vermelhas ou pardas indicam a presença de fungos. O bolor de bacalhau está especialmente associado ao *Aspergillus flavus* e ao *A. parasiticus*, que podem produzir aflatoxinas, prejudiciais à saúde do homem.

Quanto ao cheiro característico de bacalhau podre, é contaminação por bactérias halofílicas vermelhas na certa! Todo cuidado é pouco!

Como dessalgar?

Só existe um jeito de dessalgar bacalhau: para retirar o excesso de sal, coloque o peixe em postas ou desfiado dentro de uma vasilha, sob um fio de água corrente durante 10 minutos.

Em seguida, leve o vasilhame com o peixe imerso em água para a geladeira. Dessa forma, o alimento vai ficar tenro e consistente.

Se o dessalgar em temperatura ambiente, fora da geladeira, o bacalhau vai cheirar muito forte e pode ficar pré-cozido ou até mesmo estragar. Se o dessalgar com água quente, ele vai perder muita gordura.

Coloque água na travessa sempre na proporção de três para um: três litros de água para cada quilo de peixe. E troque a água de seis em seis horas.

Como conservar o bacalhau

Se o bacalhau estiver salgado, seco e corretamente armazenado, sua vida útil pode ser bastante grande.

- Temperatura ambiente: escolha um local arejado e seco.
- De 5 a 15° C, em refrigerador: 6 meses de validade.
- De 2 a 5° C, em refrigerador: 12 meses de validade.
- Depois de dessalgado e congelado: 12 meses de validade.

Por fim, uma última recomendação: para embrulhar o bacalhau, use sempre papel, nunca plástico, pois ele pode melar por dentro. O bacalhau está morto - é verdade. Mas o alimento tem que respirar.

Tempo de dessalgue

Siga esta orientação. Se o peixe continuar muito salgado, cubra-o com leite fervente e deixe de molho por meia hora.

- Porções pequenas: trocar a água de 6h em 6h durante 24-36h.
- Porções médias: trocar a água de 6h em 6h durante 30-36h.
- Porções grandes: trocar a água de 6h em 6h durante 36-42h.
- Bacalhau desfiado: trocar a água de 3h em 3h durante 6-9h.

Tipos de bacalhau

- ***COD Gadhus morhua*** **–** Originário do Atlântico Norte, é considerado o mais nobre bacalhau. É a espécie que fornece as postas mais altas e largas. Tem carne tenra e saborosa.

- ***COD Gadhus macrocephalus*** **–** Também conhecido como COD do Pacífico, é comercializado no Brasil desde o início dos anos 1990. Suas diferenças em relação ao *morhua* residem na coloração, levemente mais clara, e na textura: sua carne não se desmancha em lascas, mas pode ser facilmente desfiada.

- ***Ling*** **–** O mais estreito dos tipos de bacalhau da Noruega. Tem carne branca, apetitosa e perfeita para fazer assados, cozidos e grelhados.

- ***Zarbo*** – É o menor de todos, mas nem por isso menos saboroso. Muito apreciado para o preparo de pratos desfiados, caldos, pirões e bolinhos.

- ***Saithe*** – Tem sabor mais forte e coloração menos clara. Quando cozido, sua carne macia se desfia facilmente. Perfeito para fazer bolinhos, saladas e ensopados.

De olho no peixe

Em lugar do bacalhau, muita gente opta por fazer uma boa peixada na Páscoa, período em que o consumo de peixe fresco aumenta muito em feiras livres e supermercados.

Se este for seu caso, preste atenção no produto que vai levar para casa. Peixe fresco tem de estar envolto em gelo. Não pode ser exposto de outra maneira. Verifique sua aparência checando se a barriga se mantém firme sob a pressão dos seus dedos, se os olhos estão salientes e brilhantes e se as escamas estão bem presas ao corpo.

Evite adquirir peixe em postas ou filés, pois nestas condições fica difícil avaliar o estado em que o produto se encontra.

Higiene e condições de armazenamento são dois bons parâmetros para avaliar a qualidade da mercadoria: no supermercado, o peixe deve estar exposto em balcão frigorífico e, na feira livre, em balcão de aço inox inclinado e protegido do sol e dos insetos, onde ficará coberto por uma manta de gelo picado. Além disso, o feirante deve usar luvas descartáveis para manipulá-lo.

VOCÊ SABIA?

O bacalhau tem sua origem num peixe nobre que vive nos mares limpos e frios do Atlântico Norte e cuja carne, seca e salgada, é apreciada na cozinha internacional há décadas. O nome científico do peixe é *Gadus morhua*, também conhecido em todo o mundo como COD ou, comercialmente, como Porto. Nos dias de hoje, é produzido a partir de duas diferentes espécies de peixe – o *COD Gadus morhua* e o *COD Gadus macrocephalus*, cada qual com suas particularidades. Com o tempo, descobriu-se que outras espécies de peixe se prestam à produção do bacalhau.

Caso prefira comprar peixe congelado e previamente embalado, observe se o balcão onde está armazenado não está entulhado de mercadoria: isso impede a circulação do ar frio e compromete a qualidade do produto. Peixe congelado deve permanecer a uma temperatura inferior a - 18° C e, resfriado, a 0°. Se houver uma fina camada de gelo recobrindo-o, não leve: é sinal de que o balcão foi desligado à noite ou sua temperatura foi reduzida.

É tempo de Páscoa

E quanto aos ovos?

Semana Santa pede ovos de chocolate e eles são fartos em cada esquina, nessa época do ano. Por isso, todo cuidado é pouco na hora de escolher. Além das diferenças de preço significativas, há ainda aqueles cuja fabricação atende portadores de doenças como a diabete – sem açúcar – e a celíaca – sem glúten. Por isso, é importante ler atentamente as informações contidas no rótulo. Entre outras, figuram ali o prazo de validade, o peso líquido – mais importante que o número do ovo – e a sua composição.

Na verdade, as numerações indicadas pelos fabricantes nos rótulos dos ovos de Páscoa não são equivalentes entre si. Por isso, um ovo de número 3 de determinada marca, por exemplo, pode corresponder, em peso, ao de número 2 ou 4 de outra.

Alguns incluem brinquedos. Neste caso, o consumidor deve estar atento ao fato de a embalagem estampar o selo do INMETRO e indicar a idade recomendada para o manuseio do objeto.

Ovos dispostos em bancas de promoção são geralmente mais baratos, mas podem estar quebrados – e o fornecedor não é obrigado a trocá-los.

Além disso, é preciso prestar atenção na embalagem: se houver sinais de violação do conteúdo, furos ou amassados, não compre. É a embalagem que protege o chocolate da presença de insetos e de contaminação.

Verifique também se os ovos de Páscoa não estão sendo colocados à venda ao lado de produtos de limpeza ou outros, de cheiro

É tempo de Páscoa

acentuado, ou de qualquer outra fonte geradora de calor – o que pode estragar o chocolate.

Quando ele amolece, ocorre separação da gordura e ele acaba adquirindo uma coloração esbranquiçada característica e odor desagradável.

Se preferir ovos, bombons e colombas de fabricação caseira, faça uma visitação prévia à cozinha ou solicite uma degustação antes de comprar. Além de seguir as mesmas normas de comercialização que os demais produtores industriais, os fabricantes de chocolates artesanais estão obrigados por lei a fornecer nota fiscal. É graças a ela que o consumidor fundamenta sua reclamação e comprova a compra, em caso de troca. Não abra mão deste direito!

FESTAS

Salve as festas juninas

Arrasta-pé, quadrilha, fogueira. Canjica, bolo de fubá, pamonha. Arraial que é bom vira a noite e tem barraca de alimentos saudáveis e bem conservados.

Embora nem sempre se possam reconhecer guloseimas estragadas

VOCÊ SABIA?

As festas juninas tiveram origem no século XII, na França, com a celebração do solstício de verão – os dias mais longos do ano. No hemisfério sul, nesta mesma época, acontece o solstício de inverno – as noites mais longas do ano. Essas comemorações foram aos pouco imbuídas de um sentido cristão, ao serem trazidas pela Igreja Católica ao Novo Mundo. A comemoração das festas juninas no Brasil – 13 de junho, festa de Santo Antônio; 24 de junho, São João, e 29 de junho, São Pedro – se mantém como herança lusitana, mas foi acrescida de sabores e costumes do sincretismo afro.

só pela aparência ou pelo gosto, é preciso não ceder à tentação da maçã do amor ou da paçoca de amendoim de olhos fechados. Em cada barraca, algumas regras básicas devem guiar o consumo, o preparo e o armazenamento dos quitutes. Caso contrário, os riscos de contaminação são grandes e as conseqüências muitas vezes graves – nem santo ajuda!

Os organizadores do arraial devem lembrar que bolos e doces à base de creme de ovos e chocolate podem se deteriorar rapidamente. Por isso, não devem ser mantidos em temperatura ambiente. A canjica, por exemplo, deve ser servida bem quente; caso contrário, a menos de 60° C, será contaminada por bactérias. Portanto, se não estiver na temperatura recomendada, não tenha vergonha: peça para que a coloquem no fogo de novo antes de servir.

O mesmo não acontece com os bolos secos, como o de fubá, a pipoca e o quentão – eles dificilmente causam problemas à saúde.

Na barraca de cachorro-quente e salsichão, o perigo ronda com a *Listeria monocytogenes*, bactéria que pode causar diarréia, cólicas intestinais e aborto até 12 horas após a ingestão. Para evitar atropelos, evite consumir a salsicha *in natura*, crua, ou com maionese caseira. Verifique se os responsáveis pela barraca a mantêm refrigerada (a menos de 5° C ou congelada) até a hora de colocá-la em água fervente, onde deve permanecer totalmente submersa. E bom apetite!

Churrasquinho bom é aquele livre de *Escherichia coli 0157:h7*, microrganismo que se torna ativo no corpo humano, provocando diarréias e cólicas entre outras complicações terríveis, quando se consome carne malpassada ou quando ela foi mal refrigerada.

Prefira o alimento preparado na hora, sob seus olhos, e peça-o bem passado.

Outro foco de contaminação é o prato de farofa onde quem compra espetinho passa a carne e a leva à boca e mergulha de novo no prato e morde mais um pedaço. No fim, essa farinha está cheia de saliva e vira um caldo de reprodução de bactérias. Para evitar isso, adote o hábito de só passar a carne uma vez no prato de farinha ou peça para que ela seja acondicionada em um recipiente parecido com o de mostarda ou catchup, mas com bico mais largo, para que, ao passar de mão em mão, seja salpicada individualmente.

Quanto ao milho cozido, saiba que ele só pode ser consumido sem o perigo de contaminação pelo *Bacillus cereus* se for mantido em água quente, isto é, a mais de 60° C, e conservado em caixa térmica. Em qualquer hipótese, lembre-se de não comprar espiga que esteja em temperatura ambiente ou fora da água quente há mais de duas horas. A mesma bactéria pode se instalar no pinhão, provocando desordem intestinal, se ele for mantido também em temperatura inferior a 60° C por mais de duas horas. Armazená-lo na geladeira em grandes porções ou reaquecê-lo inadequadamente também não é uma boa idéia. Para evitar problemas, ele precisa ser refrigerado em pequena quantidade, inicialmente descoberto, e, antes de ser servido, deve ir para a água fervente a, pelo menos, 80° C.

Pé-de-moleque e paçoca de amendoim – quem diria? – podem ser verdadeiro veneno. A utilização de amendoim embolorado na confecção dos quitutes pode ser muito prejudicial à saúde e traz até mesmo risco de câncer hepático. Por isso, desconfie do que está levando à boca. O mesmo acontece com a maçã do amor: se, na primeira mordida, perceber que está embolorada por dentro, jogue fora!

Por fim, vale sempre lembrar o quanto o uso de pratos, copos e talheres descartáveis pode ser benéfico em ocasiões e festas muito concorridas. A reutilização de louça mal lavada pode facilitar a proliferação de bactérias e resultar em viroses e outras doenças transmissíveis por contato. Todavia, se usar material descartável – principalmente canudinhos –, preste bem atenção na hora de jogá-lo fora. Dê um nó bem dado nos canudinhos e inutilize copos, pratos e talheres, de maneira que não possam ser reaproveitados por gente inescrupulosa.

Ônibus

ÔNIBUS

Sempre cabe mais um

Durante as férias, temos todo o tempo do mundo: dá até para dar uma volta na cidade de ônibus, esticar até a feira ou quem sabe fazer as unhas ou cortar o cabelo num salão de beleza.

Mas, também nesses lugares, as bactérias dão não trégua.

Equipamentos públicos, como orelhão e ônibus, são absolutamente indispensáveis na cidade grande, mas nem por isso deixam de ser uma praga social quando o assunto é... saúde pública.

Sempre cabe mais um

Qualquer caçador de bactérias que entrasse num ônibus e fizesse coleta de amostra, encontraria, em laboratório, uma quantidade desconcertante de microrganismos acumulados nos assentos, canos, catracas e campainhas do transporte coletivo.

Pior: o tipo de bactéria que anda de ônibus não é nada benévolo, ao contrário. Proveniente de feridas, pus e também da saliva, causa sinusite, otite, conjuntivite, acne e espinhas.

Por isso, quem usa transporte coletivo, deve tomar o cuidado de lavar as mãos com sabonete várias vezes ao dia e usar preferencialmente papel toalha para enxugá-las.

O mesmo cuidado deve ter quem usa telefone público, principalmente aqueles que, nos *shoppings centers*, ficam do lado dos banheiros. É que uma grande parte das bactérias encontradas neles são de origem fecal.

Explica-se: muitas vezes, quem usa aquele aparelho está saindo do banheiro e não lavou as mãos. Assim sendo, acaba contaminando os demais equipamentos públicos e, portanto, todos os seus usuários, com bactérias que deveriam estar restritas ao sanitário. Este hábito, que por si só já não é muito alentador, é agravado pelo fato de o pessoal de limpeza muitas vezes receber orientação, nos *shoppings*, para usar o mesmo material – como panos e buchas – para lavar tanto os vasos e as pias quanto o bocal dos orelhões.

Dinheiro – este é outro veículo de propagação de microrganismos, em qualquer lugar que se esteja. Em todo o mundo, aliás, usa-se a análise bacteriológica das cédulas de menor valor em circulação numa cidade ou numa região para medir o seu grau de saneamento. No Brasil, lamentavelmente, sabe-se que as notas são sete vezes mais sujas que as dos Estados Unidos, por exemplo – o que comprova que há muita bactéria passando de mão em mão por todo o país.

Esses agentes causam infecções diversas, como otites e sinusites, e tornam particularmente suscetíveis as pessoas que lidam com dinheiro o dia inteiro, como, por exemplo, os cobradores de ônibus.

A eles – e a todos aqueles que manipulam cédulas constantemente – é recomendável não usar nem alianças, nem anéis, nem esmalte e nunca – em hipótese alguma – roer as unhas.

No entanto, vale lembrar que a presença de bactérias em nosso mundo e em torno de nós tem seu aspecto benéfico: elas são necessárias, e o contato delas com o nosso corpo vai nos permitir desenvolver uma resistência contra outros microrganismos patogênicos, que – estes, sim – poderiam causar doenças graves. Por isso, não é necessário criar as crianças em redomas de vidro para que sejam saudáveis. Basta que tenham o hábito de lavar as mãos constantemente e tomar banho todos os dias.

Salão de beleza

E por falar em banho e asseio... nada como uma pitada de cuidados consigo próprio.

Um dos lugares que mais massageia o ego feminino é o salão de beleza. Ali, entre escovas, alicates, ceras e bobes, as mulheres – e por que não os homens? – almejam a mais perfeita estética.

Mas esse mesmo templo onde se cultua a beleza também pode ser uma praga para a saúde, se não forem observadas algumas regras básicas.

À primeira vista, o que impera num salão de beleza são... cabelos, cabelos... cabelos! Cabelos no chão, nas cadeiras, debaixo do secador e na escova que passa... de uma cabeça para outra.

SALÃO DE BELEZA

Escova limpinha

É aí que mora o perigo: escovas e pentes cheios de cabelo transmitem fungos de uma cliente para a outra e, mais cedo ou mais tarde, deixam marcas, podendo causar micoses ou transmitir caspa. Estas, por sua vez, podem transmitir um fungo de nome *Pityrosporum ovale*.

O processo é simples: quando a cabeleireira penteia ou corta o cabelo de uma cliente com instrumentos que não foram minuciosamente limpos antes, os fungos existentes entre as cerdas pousam sobre o cabelo dela e ali podem encontrar um ótimo lugar para proliferar. Isso resulta na formação de caspa. Assim, quando essa pessoa penteia o cabelo, a caspa que lhe cai sobre a pele – em especial no pescoço e nos ombros – carrega fungos que passam a se alimentar de melanina. Mais tarde, essa cliente vai tomar sol na praia e repara que está com manchas brancas pelo corpo: são os fungos que pegou no cabeleireiro e que entraram em ação!

Para livrar a escova desses incômodos microrganismos – e também da caspa –, é preciso desembaraçá-la cuidadosamente dos cabelos que ficaram retidos e, em seguida, lavá-la com água e sabão.

A cera de depilação é outro meio de propagação de bactérias, uma vez que algumas delas são resistentes até mesmo a altas temperaturas. Por isso, é proibido usar a mesma cera em duas aplicações diferentes: usou uma vez, jogou fora! Caso contrário, por menos pêlos que uma cliente tenha, eles podem acabar transmitindo doenças à próxima.

Guerra de alicate

É o chamado barato que sai caro!

No salão de beleza, o ritual de fazer as unhas não deve ser menos rodeado de cuidados. Preste atenção se a manicure cobriu a bacia para imersão dos pés com um plástico transparente descartável antes de enchê-la de água. Para as unhas das mãos, dispense as bacias ou cubas para imersão dos dedos e opte por algodão umedecido com água para amolecer a cutícula. Observe se a lixa foi higienizada antes de ser usada nas suas mãos. Se for de madeira, basta passar álcool. De ferro, deve ir para a estufa a 160°. O palito usado debaixo da unha, se for de metal, também deve ser esterilizado. Caso contrário, se for de madeira, é um por cliente: usou, lixo!

O alicate de unha é por tradição o instrumento mais perigoso do cabeleireiro. Além de ser agente de transmissão de micoses e hepatite C, pode propagar o vírus da Aids se não for devidamente esterilizado. Assim, todo cuidado com ele é pouco!

O recomendável é que cada cliente leve seu próprio *kit* ao salão de cabeleireiro: alicate, lixa, palitinho e... esmalte, já que este também pode ser um meio de multiplicação de fungos, se for manuseado ou armazenado de forma incorreta.

Mas, se isso for impossível, cheque se os profissionais do salão de beleza esterilizam os instrumentos de metal e se o fazem usando corretamente a estufa: é preciso esperar que ela chegue à temperatura de 160° C para, só então, começar a esterilizar tesouras, alicates e lixas por duas horas, ou, ainda, aguardar que alcance a marca dos 170° se preferir deixá-los por 60 minutos.

Toalha... pública?

E atenção: durante o tempo de esterilização, a estufa não deve ser aberta. Isso faz com que a temperatura caia e o processo seja prejudicado.

Tome cuidado também com as toalhas que passam de mão em mão no cabeleireiro. Elas devem ser separadas por cor, de acordo com sua serventia – manicura, pedicura, cabelo e químicas – e, em seguida, precisam ser lavadas e esterilizadas após cada uso.

Por fim, preste atenção ao escolher produtos químicos, como tinturas, alisantes e amaciantes, ou ao fazer as chamadas escovas progressivas ou definitivas. Na dúvida, consulte um dermatologista.

Feira Livre

Passear entre barracas de feirantes com tempo, apreciando aromas, é realmente um charme. Quer um mundo de cores e sabores mais diversificado que o da feira livre? Não há. Pelas suas ruas congestionadas, convivem em harmonia donas de casa e sem-teto, carregadores e pedestres, alimentos e cães sem dono. Nas barracas de madeira, encontram-se, lado a lado, produtos altamente perecíveis, como peixes e frutos do mar, e outros bem menos – como frutas de casca ou raízes.

Por outro lado, o transporte e o armazenamento desses gêneros são feitos de maneira muitas vezes precária, em caixotes de pinus expostos à chuva e ao vento, à poeira e ao sol.

Ronda nas barracas

Que garantia oferecem, então, os feirantes aos seus clientes? Liberdade total para colocar à prova o olfato, a visão, o tato e o paladar, e assim conferir a qualidade do que estão adquirindo à luz do dia.

Mais que isso, porém, é preciso ficar atento aos mínimos detalhes! Assim, na hora de comprar alimentos para sua casa, comece por escolher uma feira livre. Em primeiro lugar, ela não pode estar localizada a menos de 100 metros de um hospital, um centro de saúde, um posto de gasolina, uma igreja ou uma escola: o perigo de contaminação ronda cada barraca da feira! E verifique tanto a apresentação pessoal dos feirantes quanto o estado das barracas.

Os vendedores podem ser reconhecidos por seu avental característico e suas botas de borracha. Além disso, devem observar algumas regras básicas de asseio, como manter as mãos limpas e os cabelos presos e protegidos sob uma touca, e não fumar. O uso de utensílios descartáveis e equipamentos higienizados também é exigência da Saúde Pública.

A área de exposição e venda de gêneros alimentícios deve ser mantida limpa e protegida por tela, de modo a evitar contaminações. É necessário também que haja suprimento de água potável suficiente e que se use gelo feito exclusivamente com água limpa.

De modo geral, quem vai fazer compras deve ficar atento aos prazos de validade da mercadoria: eles são a melhor garantia do consumidor.

FEIRA LIRE
Ronda nas barracas

Mas uma avaliação atenta dos alimentos expostos e da forma como estão armazenados pode render boas informações. Quer ver?

FEIRA LIRE
Aqui tem peixe

Geralmente, peixe fresco não tem cheiro forte. Se o odor estiver acentuado, é sinal de que o lugar que você escolheu para fazer suas compras não tem boa higiene: procure outro.

Peixes inteiros devem ser expostos sobre uma verdadeira cama de gelo e mantidos a uma temperatura de 0° a 5° C. Quanto às postas, devem ser acondicionadas em recipientes cercados por gelo. A proporção correta de gelo picado é da ordem de 2 kg para cada quilo de peixe.

Observe as guelras do pescado: elas precisam estar limpas, brilhantes, sem limo e vermelhas, nunca escuras. Os olhos devem ser salientes, brilhantes, e não secos, opacos ou murchos. Outra característica do produto fresco: o corpo é rijo, liso, sem machucados, e as escamas, intactas e bem firmes. A pele deve estar brilhante e úmida e, quando pressionada, deve voltar rapidamente ao normal.

FEIRA LIRE

Aqui tem peixe

Uma boa alternativa é pedir ao feirante que corte as postas na hora ou, então, comprar o peixe inteiro e deixar para cortar as postas em casa. A dica, no entanto, não se aplica a peixes muito grandes, que são retalhados previamente. Neste caso, verifique o odor e a textura da mercadoria: como regra geral, peixes de água doce devem ter cheiro fresco e limpo enquanto os de água salgada devem cheirar a mar.

FEIRA LIRE

Na barraca dos frutos do mar

Compre somente camarão fresco e mantido numa camada de gelo triturado. Camarões *in natura* devem ter o corpo rijo e a casca firme, brilhante e bem presa. Tente puxar a cabeça: ela deve se manter aderente. Verifique se na inserção das patas, junto ao corpo, não há manchas pretas – prova de que o alimento não está mais fresco. Camarões cozidos, por sua vez, devem ser firmes e apresentar uma cor brilhante.

Se comprar lagosta ou caranguejo vivo, escolha um que esteja bem ativo e pesado em relação ao seu tamanho. Abatidos, eles devem ter as garras intactas e a casca inteira. Vale lembrar que o cheiro deles é fresco, sem ser forte.

Ao escolher mexilhões e mariscos, verifique se eles não têm muito lodo ou crostas, ou, ainda, se não estão rachados ou danificados. Se bater na casca e eles continuarem abertos, dispense.

Em geral, as vieiras são vendidas limpas e descascadas. Neste caso, a casca se mostra translúcida e de cor levemente acin-

Na barraca dos frutos do mar

zentada. Quando estão frescas, apresentam um cheiro leve e adocicado.

Bacalhau que é bom (fazemos remissão?) é aquele que não tem aspecto molhado, melado ou umedecido. Preste atenção também na crosta de sal que o cobre – tem de estar seca e grossa – e na presença de manchas ou larvas.

Hortaliças e frutas

Em geral, o feirante deve recobrir a barraca de exposição desses alimentos com um plástico transparente e limpo ou um papel branco e impermeável. Nunca com papel jornal, pois a tinta da impressão pode contaminar a mercadoria. Da mesma forma, é um pecado capital embrulhar alimentos em jornal! Além de ser altamente permeável e sujo, o papel jornal é absorvente, e a tinta, com certeza, não é o que poderíamos chamar de comestível.

Tentação a evitar

Parou na barraca de frutas e não resistiu ao convite do feirante que, solícito, pega uma faca de higiene duvidosa, corta uma fatia de melancia ou de mamão

FEIRA LIRE

Hortaliças e frutas

e a oferece numa bacia não menos suspeita como prova de que nenhuma outra barraca da feira tem mercadoria como a dele?

Pois faça um esforço e recuse: provar alimentos que passam de mão em mão sem ser lavados é pedir para ser contaminado por alguma bactéria nociva! O mais primário dos manuais de boa higiene recomenda nunca, em hipótese alguma, ingerir gêneros alimentícios que não foram colocados debaixo d´água antes. Elementar, caro consumidor!

FEIRA LIRE

Feira rima com pastel

Não há dúvida: de privação em privação, fazer compras na feira pode se tornar um verdadeiro tormento. Afinal, quanta coisa gostosa ao alcance da mão!

Mas, se você passar pela barraca de pastel e não resistir aos apelos do feirante, o jeito é fazer um último esforço e checar a higiene do local antes de mergulhar de cabeça na dobradinha *pastel & caldo de cana* – desde que seja em copo descartável, é claro!

FEIRA LIRE

Feira rima com pastel

Antes de mais nada, verifique se a cana-de-açúcar está limpa e se está sendo cortada e descascada em lugar separado da panela de fritar.

Entre todos os sabores – queijo, carne, pizza, palmito, ou outros arranjos possíveis –, fique com aquele que menos possa lhe fazer mal se estiver estragado, observando se os pastéis estão armazenados em local refrigerado e se a caixa térmica usada está limpa.

O óleo da fritura é muito importante também: ainda que não possa usar um termômetro em plena feira, para seu conhecimento, saiba que ele não deve ser aquecido a temperaturas acima de 180°. Repare se ele está sendo trocado com alguma freqüência, se está limpo e se não se formou espuma na sua superfície ou fumaça.

Logo na primeira mordida, é possível saber se o gosto do alimento está rançoso e se o recheio não está vencido. Mas para isso... calma!... contenha a gula e espere o pastel esfriar um pouco!

FEIRA LIRE

No carrinho!

Compras feitas, é preciso pensar também na arrumação do carrinho de feira, para que os alimentos mais frágeis não fiquem amassados. Coloque as caixas e os produtos mais pesados e firmes por baixo e deixe por fim os ovos e as hortaliças.

Em casa, ao esvaziar o carrinho, pense em lavá-lo com bastante água e sabão. Afinal, ele ainda deve estar carregado de bactérias, pois andou para cá e para lá, rente ao chão!

Tudo na geladeira

Carrinho cheio... que satisfação! Hora de colocar tudo em ordem.

No *freezer*, você vai ajeitar carnes, peixes e aves; na geladeira, as hortaliças, os ovos e as... frutas. Isso mesmo: na fruteira você coloca somente as bananas: é a única fruta que pode ser mantida à temperatura ambiente, pois, do contrário, no refrigerador, ela escurece.

Agora, vamos ver como se deve higienizar cada alimento que você comprou na feira, antes de servir:

Primeiro as hortaliças

- Guarde-as na geladeira, pelo menos por uma ou duas horas depois da compra.
- Antes de consumi-las, separe as folhas ruins.
- Lave, folha a folha, em água corrente.

FIQUE LIGADO!

Você costuma passar todos os alimentos que comprou na feira debaixo de um fio d'água antes de colocá-los na geladeira? Pois faz muito mal. Existe um fenômeno de absorção da água da lavagem, denominado *uptake*, que se verifica em frutas, ovos e hortaliças quando são imersos em água à mesma temperatura que eles. Para neutralizar o *uptake*, é recomendável refrigerá-los antes de lavar.

- Coloque-as numa solução de um litro de água limpa com 8 gotas de detergente neutro, revolva cuidadosamente e enxágüe.

- Repita a operação com uma solução de cloro à base de uma colher de sopa de água sanitária (de boa procedência, inodora e dirigida para este fim) por litro d´água, durante 10 minutos. Enxágüe e sirva.

Frutas que se comem com casca

- Coloque-as na geladeira logo depois de comprar.

- Antes de consumi-las, dispense as frutas amassadas ou ruins.

- Lave, fruta por fruta, em água corrente.

- Coloque-as numa solução de um litro de água limpa com 8 gotas de detergente neutro, revolva cuidadosamente e enxágüe.

- Repita a operação com uma solução de cloro à base de uma colher de sopa de água sanitária (de boa procedência, inodora e dirigida para este fim) por litro d´água, durante 10 minutos. Enxágüe e sirva.

Frutas que se comem sem casca

- Coloque-as na geladeira, no máximo uma ou duas horas depois da compra.

- Lave-as em água corrente.

- Mergulhe-as numa solução de um litro de água limpa com 8 gotas de detergente neutro, revolva cuidadosamente, enxágüe e sirva.

Supermercado

Ao entrar num supermercado, a primeira coisa a fazer é inspecionar a higiene: a organização dos produtos nas prateleiras, a presença de insetos vivos ou mortos nos corredores bem como o tanto de poeira que se acumula nos cantinhos são alguns indícios seguros. Outro aspecto a considerar é o estado em que se encontra a mercadoria à venda: latas amassadas, pacotes abertos e embalagens rasgadas não são boa coisa.

Nas geladeiras, outro indicativo: verifique as condições de temperatura e armazenamento dos alimentos perecíveis, bem como a data de validade deles. Qualquer contravenção neste caso pode ser considerada grave.

Por fim, observe atentamente a apresentação pessoal dos funcionários do estabelecimento.

À parte, considere o estado dos carrinhos que vai usar para levar suas compras. Embora seja comum encontrar pedaços de folha de hortaliça presos ao trançado de metal ou ainda uma das rodas suja de iogurte, isso não deveria acontecer.

Restos de alimentos atraem insetos, sobretudo baratas – em especial, a *Blatella germanica*, a baratinha alemã de cozinha, bem como moscas domésticas e outros insetos que transportam germes nocivos à saúde do homem: vírus, protozoários, bactérias e outros. Atenção especial deve ser dada à mosquinha de fruta, que pode transmitir parasitas intestinais e poliomielite.

VOCÊ SABIA?

Pesquisa realizada na Coréia do Sul indica que, dentre todos os objetos que integram nosso dia-a-dia, os carrinhos de supermercado são os mais contaminados por bactérias. Em seguida vêm os *mouses* usados por internautas em cybercafés e as alças e barras de ferro onde os usuários de ônibus coletivos se seguram para não cair. Maçanetas de banheiro aparecem em seguida no *ranking*.

Boas compras

Esses carrinhos de supermercado podem servir como o elo que vai ligar os microrganismos presentes no estabelecimento à sua cozinha. Afinal, basta uma hortaliça contaminada por bactérias para condenar sua pia e tudo o que estiver dentro dela!

Para fazer boas compras, guie-se pela época da safra e pela quantidade que vai efetivamente consumir: não compre a mais para não ter de jogar no lixo.

Inicialmente, adquira os produtos mais resistentes: enlatados, bebidas e, no caso de alimentos *in natura,* batata, cebola. Coloque-os no fundo do carrinho para que não amassem ou esmaguem os mais delicados. Em seguida, escolha os refrigerados e os congelados e mantenha-os na parte de cima do seu carrinho. Por fim, os frios, tomando o cuidado de voltar para casa para guardá-los assim que terminar as compras.

Observe as embalagens para verificar se não estão danificadas, violadas ou furadas e a data de validade de cada produto que decidir levar.

Ao escolher alimentos resfriados ou congelados, preste atenção e sinta se não estão amolecidos – indicativo de que a temperatura das geladeiras não está conforme às especificações para aquele produto – e prefira sempre os que se encontram no fundo do *freezer*. Embalagens com uma fina camada de gelo ou água na parte superior dos balcões acusam problemas com relação à temperatura do equipamento. Avise os responsáveis pelo estabelecimento.

As esteiras rolantes do caixa são outro problema freqüente em supermercados – a começar pela cor do plástico que as reveste, que deveria ser branco em lugar de preto. Ali, qualquer fiscalização não resistiria às evidências: sumo de carne que se misturou à quantidade microscópica de açúcar ou sal que vazou das embalagens, manteiga que começou a derreter ou restos de hortaliças. Para remover este caldo, a funcionária do caixa recorre então ao seu tradicional paninho amarelo, que, aliás, já foi usado na compra anterior. Bem-intencionada, embebe-o de um pouco mais de álcool, como se isso bastasse para matar bactérias.

Engano! Fungos, bactérias, vírus e agrotóxicos não cedem a esse processo. Para limpar efetivamente a esteira rolante, seria preciso aspergir sobre ela uma solução desinfetante à base de quaternário de amônio e em seguida secá-la com papel absorvente descartável e – importante –, para fazer esta pequena faxina, a funcionária do caixa deveria usar luvas.

Compras

Sério, seríssimo: ingerir alimentos estragados pode lhe custar a saúde e até mesmo a vida. Petiscos e quitutes que acenam da prateleira do supermercado, por mais vistosos que ainda pareçam, às vezes contêm microrganismos ocultos – as temíveis bactérias patogênicas. E disso você só vai saber horas mais tarde.

Por isso, antes de encher o carrinho de supermercado, convém você prestar atenção a alguns detalhes. Vamos às compras?

COMPRAS

Na seção de laticínios

Há algo que deve ser dito: estabelecimentos comerciais que vendam alimentos – qualquer que seja o tipo de ponto-de-venda –

devem manter-se limpos, arejados e bem iluminados. Bancadas, mesas, pisos e paredes devem apresentar higiene adequada.

A aparência da mercadoria, sua cor e cheiro são fatores que precisam ser levados em conta. Evite produtos amassados ou que apresentem danos de qualquer espécie. Não permita que o padeiro embrulhe seu pão ou o doce que pretende levar em papel colorido, ou que o feirante lhe entregue um maço de hortaliças envolto em jornal: isso evitará dor de cabeça com eventuais contaminações.

Leite e seus derivados – queijos, manteigas, iogurtes – devem

FIQUE LIGADO!

Memorize a lista de produtos que devem ser evitados em qualquer circunstância: mercadoria com validade vencida; lata estufada – sinal de deterioração do alimento – ou amassada: é possível que o verniz interno tenha sido rompido, o que prejudicaria a qualidade do alimento; lata enferrujada – evidência de armazenamento inadequado; vidro com líquido turvo ou espuma e embalagens de vidro com tampa enferrujada ou amassada.

ser conservados sob refrigeração (de 0° a 5° C), com exceção dos embalados tipo Longa Vida. Não compre laticínios ou frios que não contenham o carimbo do SIF (Serviço de Inspeção Federal) ou, em São Paulo, do SISP (Serviço de Inspeção de São Paulo).

Você terá maior segurança se escolher produtos que possuam algum tipo de lacre na tampa, o que permite avaliar se a embalagem foi violada. As conservas devem estar expostas em local ventilado, onde não incida a luz do sol, já que o calor pode provocar a deterioração do alimento.

Ao comprar cereais – arroz, feijão ou farinha a granel –, verifique o peso bem como a aparência do produto, sujidade ou umidade e o prazo de validade.

Se tiver intenção de levar bebidas, verifique se o lacre não está rompido ou ausente, se não há vazamento ou rachaduras. Se for comprar caixas fechadas, certifique-se de que estejam secas.

FIQUE LIGADO!

Diabéticos, atenção! Os refrigerantes *diets* e *lights* à base de suco de fruta contêm frutose (açúcar da fruta). O consumo desse tipo de açúcar pode ser prejudicial à sua saúde!

No açougue

Dia de ir às compras e escolher uma boa picanha para o fim de semana ou aquele coxão duro para fazer uma carne de panela.

Ao entrar no açougue, porém, você deve ficar atento a alguns detalhes que lhe darão pistas do cuidado que o estabelecimento tem com a higiene.

Verifique se as paredes estão revestidas de azulejo e se o piso é de cerâmica: estes materiais facilitam muito a limpeza e, por isso, são geralmente usados em estabelecimentos que zelam pelo asseio.

Outra coisa: o funcionário que manuseia a carne (aves e peixes têm o mesmo tratamento) deve usar luvas, uniforme e manter os cabelos presos e cobertos por um gorro – esteja ele numa feira livre ou num estabelecimento comercial. Ele também é obrigado a cobrir a boca com um protetor especial, mesmo na hora de atender o consumidor.

A vitrine não pode ter lâmpadas coloridas (principalmente vermelhas), para não mascarar a cor da mercadoria, e, em algum lugar, visível para o cliente, o dono da loja deve exibir, de forma clara e precisa, informações referentes à origem do produto que está vendendo. O carimbo roxo do SIF (Serviço de Inspeção Federal) também é obrigatório (em São Paulo, ele pode ser substituído pelo do SISP, o Serviço de Inspeção de São Paulo).

A pesagem da mercadoria também deve ser feita na frente do consumidor: qualquer contrapeso de carne só pode ser adicionado com o seu consentimento, mas, de qualquer forma, vale dizer que a lei proíbe a venda de carne com sebo e pelancas.

FIQUE LIGADO!

Embalagens de alimentos cobertas por uma fina camada de gelo são sinal de que o *freezer* ou o balcão frigorífico não está na temperatura que deveria ou foi desligado à noite. Se os produtos foram mantidos por algum tempo aquém da temperatura ideal, já podem estar sofrendo algum processo de deterioração. Na dúvida, não compre!

No açougue

Carnes pré-embaladas e congeladas, normalmente comercializadas em supermercados, devem ser mantidas em balcão ou câmara frigorífica. Mas, cuidado: antes de levar o produto para casa, verifique se não há uma camada de gelo sobre a embalagem, se ela se mantém seca e rígida, e se não há formação de água no fundo do balcão.

A cor natural da carne bovina é vermelho-clara. Não compre se ela apresentar manchas escuras ou secas, características da existência de um processo de deterioração. Se você for levar carne moída, peça ao açougueiro que a coloque no moedor na sua frente: isso evitará que leve para casa carne de primeira misturada com carne de segunda ou, pior ainda, carne fresca misturada com carne com prazo de validade suspeito.

Se quiser comprar carne de porco, atente para a presença de eventuais bolinhas brancas, conhecidas popularmente como "canjica". São focos de parasita "solitária". Cuidado: não consuma carne de porco malpassada.

Embutidos – lingüiça, salsicha, mortadela, presunto, salsichão – não devem conter líquido na embalagem. Manchas esverdeadas ou produto solto dentro do pacote indicam que houve entrada de ar e, por esta razão, o alimento pode estar estragado. Ao adquirir esses produtos a granel, exija comprovante de procedência e informe-se sobre o prazo de validade.

A carne das aves é preferencialmente firme, de cor amarelo-pálida, brilho e cheiro suave. Manchas esverdeadas, azuladas ou mau cheiro são indicativos de processo de deterioração.

COMPRAS

No açougue

A respeito de aves é sempre bom lembrar: a gripe aviária é um dos maiores flagelos da atualidade. No Brasil, cabe à Agência Nacional de Vigilância Sanitária (ANVISA) manter a população a par da evolução da doença através de informes técnicos e suprimento de informações à imprensa.

Até o presente momento, foram registrados surtos de gripe aviária de alta patogenicidade na Ásia e, mais recentemente, na Europa e na África – o que tem suscitado febril discussão sobre os riscos associados ao homem, principalmente em relação às fontes da infecção.

Considerando que as aves infectadas podem excretar o vírus nas fezes ou na saliva, pessoas em maior contato com elas têm mais chances de se contaminar. Outra via de infecção reconhecida é a manipulação do animal portador do vírus durante o abate. Por ora, não há registro de transmissão do vírus ao ser humano que faça ingestão de alimentos derivados de aves infectadas (cortes de carne ou ovos), mas recomenda-se muito consumi-las somente depois de cozidas, fritas ou assadas.

FIQUE LIGADO!

Compre produtos de boa procedência e verifique sempre se estão frescos. Não adquira frutas ou legumes machucados só porque estão mais baratos. Lave bem os alimentos *in natura* antes de levá-los à boca.

Quanto tempo guardar?

Até lá, mantenha o produto refrigerado ou congelado. Descongele-o somente no microondas ou na geladeira, na hora de cozinhar, tomando cuidado para mantê-lo longe dos demais alimentos enquanto estiver cru.

Depois de preparar a ave, lave muito bem a tábua de corte, os utensílios e talheres que estiveram em uso com água e sabão e não se esqueça de fazer o mesmo com as mãos.

Carnes e aves resfriadas devem ser guardadas em geladeira somente depois de limpas da gordura, pois produzem ranço e têm rápido processo de deterioração.

Congelar aves e carnes requer embalagem própria ou plástico não-tóxico. Divida a carne em porções condizentes com o que vai consumir a cada vez e tome o cuidado de, antes de fechar, retirar o ar de dentro da embalagem. Uma vez descongelados, não recongele.

Quanto às vísceras e miúdos, se não forem consumidos de imediato, devem ser fervidos e mantidos em geladeira.

Tempo de conservação em geladeira e freezer (em condições adequadas)

Tipos de carne	Geladeira (dias) 4 a 5° C	Freezer (meses) -18° C
VACA		
Assada	2 a 4	3

No açougue

Miúdos	1 a 2	1 a 2
Moída	1 a 2	2 a 3
Bifes	2 a 3	6 a 9
Cozida	2 a 4	3
Hambúrguer	1 a 2	4
PORCO		
Lingüiça	1 a 2	1 a 2
Pedaços	2	2 a 3
Assada	2 a 3	3 a 4
Cozida	2 a 3	3 a 4
Hambúrguer	1 a 2	4
AVES		
Crua	2 a 3	12
Miúdos	1 a 2	3
Cozida	3 a 4	3
Assada	3 a 4	3
Hambúrguer	1 a 2	4

PEIXE		
Fresco	1	3
Cozido	1 a 2	3

COMPRAS

No açougue

COMPRAS

Comprando conservas

Conservas são uma providencial invenção da indústria alimentícia para acondicionar alimentos que passaram por algum processo industrial ou caseiro cujo objetivo é prolongar a vida útil de frutas, legumes ou peixes, entre outros, permitindo que sejam consumidos nas entressafras, longe das regiões produtoras ou tão logo a embalagem for aberta. Compotas, geléias, patês, frutas cristalizadas, sardinhas, ervilhas e palmitos são exemplos de alimentos que podem ser encontrados em conserva.

A aquisição deste tipo de produto requer muita atenção por parte do consumidor. Caso tenha aparência, cor, cheiro, sabor ou apresentação suspeitos, deve ser descartado: estando impróprio ao consumo, pode causar sérios danos à sua saúde.

Comprando conservas

FIQUE LIGADO!

Evite comprar conservas de produção caseira que não estejam de acordo com a legislação: é possível que o produtor não atenda aos requisitos de higiene na manipulação, preparo e conservação dos alimentos.

Assim, nunca adquira produtos cujas embalagens estejam:

- estufadas – é uma característica de contaminação por bactérias produtoras de gases, indicando que o produto está alterado;
- amassadas – demonstram ter havido algum choque mecânico (queda por empilhamento excessivo, por exemplo), do qual resulta uma reação do produto com a lata e conseqüentemente a perda de vácuo, o que torna o alimento impróprio;
- enferrujadas – significa que o transporte ou o armazenamento foram feitos em condições inadequadas.

Esse tipo de alimento deve estar em locais ventilados e onde não bata a luz do sol, já que o calor pode provocar a sua deterioração.

Conservas vendidas em embalagens de vidro possuem, em geral, tampas metálicas. Veja se não há pontos de ferrugem ou partes amassadas. Para maior segurança, prefira produtos que têm algum tipo de lacre na tampa e observe se ele não foi violado.

Comprando conservas

Examine atentamente o aspecto do alimento que se encontra em embalagem de vidro. Se tiver espuma, líquido turvo ou opaco, deixe de lado!

VOCÊ SABIA?

Não se deve nunca reutilizar embalagens metálicas, nem manter sobras nesse tipo de recipiente. Se, depois de aberto, o alimento não for totalmente consumido, retire o conteúdo da embalagem metálica transferindo as sobras para um recipiente limpo, seco e com tampa e coloque-o no refrigerador. Sobras em vidros devem ser imediatamente refrigeradas na própria embalagem e consumidas o mais rápido possível.

Palmito: todo cuidado é pouco!

Até o ano de 2000, a Secretaria de Vigilância Sanitária determinava que o palmito em conserva produzido no País ou trazido do Exterior devia incluir no rótulo a advertência seguinte: "Para sua segurança, este produto só deverá ser consumido após fervido no líquido de conserva ou em água durante 15 minutos".

A medida foi tomada pelo órgão fiscalizador depois que foram

VOCÊ SABIA?

Diarréias, vômitos, dores abdominais, febre e abatimento podem ser sintomas de Doença Veiculada por Alimentos (DVA). Se algum desses sintomas aparecer, procure imediatamente um médico ou posto de saúde. Saiba que você tem direito a indenização em caso de doença veiculada por alimentos ou ferimento ocasionado por embalagens danificadas. Ao formalizar sua reclamação, apresente, sempre que possível, um laudo médico atestando a ocorrência, além de comprovantes dos gastos médicos.

notificados casos de infecção alimentar causados pela toxina do *Clostridium botulinum* (bactéria causadora de botulismo) no Estado de São Paulo, entre 1997 e 1998.

Além do palmito, os demais tipos de conservas, tanto de vegetais como de carnes embaladas em lata ou em vidro, também podem desenvolver a bactéria botulínica.

A recomendação, portanto, é que se ferva ou cozinhe o produto em conserva por 15 minutos antes de consumi-lo, uma vez que essa toxina pode ser destruída pelo calor. Isso explica por que não se pega botulismo ingerindo, por exemplo, tortas ou outros pratos fritos ou cozidos.

Outros cuidados importantes:

COMPRAS

Comprando conservas

- Observe como o produto está sendo armazenado no estabelecimento comercial – por exemplo, se está em contato direto com o chão ou exposto ao sol.
- Atente para o prazo de validade.
- Identifique a presença de gases no vidro e uma eventual sobreposição de rótulos.

COMPRAS

Escolhendo ovos

Compre ovos refrigerados. Sempre. Se eles estiverem em *displays* não refrigerados, duvide: podem não estar mais frescos. Cozinhe-os até que a clara fique totalmente branca, ou a gema dura. Para preparar receitas, prefira ovos pasteurizados, principalmente se for usá-los crus, como, por exemplo, para preparar gemadas, maionese caseira e alguns tipos de musses. Para eliminar a presença de *Salmonella*, é preciso que a temperatura interna do ovo alcance 60° C durante 3,5 minutos.

Não é recomendado lavar ovos, como fazem algumas pessoas, pois, quando presente, a *Salmonella enteritidis* se aloja preferencialmente dentro da gema, uma vez que a contaminação se dá no ovário da galinha. O ovo, ao ser imerso em água com a mesma temperatura, sofre uma reação física chamada *uptake*, durante a qual absorve água. Assim, estando presente algum microrganismo nesse meio, ele será absorvido, chegando até a clara. Ali, a *Salmonella* também sobrevive – embora só por 12 horas.

Bebidas

Mais vale uma garrafa intacta do que duas abertas, que sirvam para lançar apelos desesperados ao primeiro médico de plantão que aparecer!

Vai comprar bebida? Pois observe o líquido dentro da garrafa. Se notar a presença de sujidades ou de algum corpo estranho dentro dela, não leve nem abra. Informe o fato ao gerente da loja. Caso o vasilhame ou o líquido seja escuro, examine-os contra a luz.

Bebidas vendidas em latinhas (refrigerantes, cervejas, sucos, etc.) não devem apresentar partes amassadas ou enferrujadas. Se for adquirir caixas fechadas dessas bebidas, certifique-se de que estejam secas e sem vazamento. Verifique se o lacre não está rompido. Leve em conta todos esses cuidados para produtos que estejam em promoção nos estabelecimentos.

Líquidos também têm prazo de validade: informe-se sobre eles na embalagem ou no rótulo, bem como a composição (ingredientes e aditivos), o nome, endereço e CNPJ do fabricante. Confira se há algum número de registro no órgão competente (Ministério da Saúde).

No caso das águas minerais, a embalagem deve trazer também a identificação da fonte e a data de envase (engarrafamento).

Para armazenar bebidas, mantenha-as de pé. Exceção: alguns vinhos que possuem formas especiais de armazenamento.

Se armazenar refrigerantes, tome cuidado para que eles não sofram sacolejo, o que poderia aumentar a pressão sobre o gás e causar acidentes.

As garrafas devem ser armazenadas em local ventilado, seco e sem incidência de forte calor. Águas minerais expostas ao sol podem sofrer crescimento de algas que modificam sua coloração, do amarelo para o verde, tornando-as impróprias ao consumo.

Evite colocar bebidas no congelador ou no *freezer*. Ao passar do estado líquido para o sólido, o líquido vira gelo. Essa mudança de estado físico faz com que o volume interno da garrafa aumente, causando pressão sobre a embalagem. Existe aí um sério risco de a embalagem se romper, seja ela de vidro, plástico ou alumínio.

Nunca utilize garrafas vazias de refrigerantes, cervejas e água mineral para guardar outros produtos como, por exemplo, gasolina, detergente, água sanitária. A ingestão acidental desses produtos – especialmente por crianças – pode causar acidentes graves e até fatais, além de contaminar as garrafas plásticas, impedindo o seu reaproveitamento.

Considere o fato de algumas embalagens serem recicláveis, principalmente de alumínio, vidro e plástico. Procure separá-las, lavá-las e deixá-las em recipientes próprios para serem recicladas. Alguns pontos da cidade costumam fazer coleta seletiva de lixo.

COMPRAS

Água que te quero limpa

Nos dias de hoje, existem dois tipos de águas no mercado: as tradicionais e as que foram acrescidas de sais.

As primeiras são provenientes de fontes naturais ou de fontes captadas artificialmente. Possuem composição química ou propriedades físicas ou físico-químicas distintas das águas comuns, que podem lhes conferir ação medicamentosa, embora nenhuma designação quanto às suas propriedades terapêuticas possa constar no rótulo sem prévia autorização. Essas águas são classificadas de acordo com o elemento químico predominante e podem ser termais ou gasosas (natural ou artificialmente).

As acrescidas de sais são águas potáveis comuns, adicionadas de cálcio, magnésio, potássio ou sódio após eliminação dos resíduos do cloro usado no processo de purificação. Seu rótulo deve incluir a expressão "Água adicionada de sais" que a diferencia da água mineral. É proibida a denominação "água mineral" e derivações como "água mineralizada". Elas podem conter gás, como dióxido de carbono de padrão alimentício – o mesmo empregado nos refrigerantes.

Águas minerais devem conter em seus rótulos:

- nome da fonte;
- natureza da água;
- a localidade;
- a data e número de concessão da lavra;
- o nome e o endereço do concessionário;

- as constantes físico-químicas;
- a composição analítica e classificação;
- dados como volume do conteúdo e indicação com ano e mês do engarrafamento e prazo de validade.

COMPRAS

Queijo e vinho?

O Brasil não é nem a França, nem a Suíça, mas felizmente as importações deste tipo de iguaria estão de vento em popa. Resulta disso que existe, no país, uma grande variedade de queijos, cujas características dependem de fatores isolados ou associados como, por exemplo, o tipo de leite e de fermento utilizado, o processo de fabricação, o formato; o tempo de maturação.

Por isso, nem sempre o que parece suspeito num determinado queijo pode ser necessariamente ruim em outro.

Via de regra, porém, é recomendável observar, além da aparência e da textura, o odor. Salvo alguns casos particulares – como o *roquefort* e o gorgonzola, que se caracterizam por um cheiro bastante marcante –, este deve ser suave.

É bom também ficar atento

Queijo e vinho?

ao local onde o produto está exposto para venda. A temperatura ideal para a conservação de qualquer tipo de queijo é de 5° a 10° C. Entretanto, alguns, como o *gruyère*, o provolone curado e o parmesão, podem ser mantidos em local fresco.

A boa conservação e a validade dos queijos dependem da temperatura e do local de armazenamento. Esses são fatores essenciais para que o produto mantenha suas características de odor, textura e sabor. Portanto, ao voltar para casa depois das compras, é necessário ficar atento às orientações do fabricante, apresentadas no rótulo do produto.

Por mais que o importado seja uma delícia, não se saboreia queijo na língua materna dele: a embalagem deve conter informações em português e trazer esclarecimentos quanto ao peso, tipo, origem, data de validade, composição, condições de armazenamento, identificação do fabricante ou importador e registro no Ministério da Agricultura.

Se a venda for a granel, todos esses dados devem constar em um cartaz em local de fácil visualização.

Os mesmos cuidados dizem respeito ao vinho. Existem no mercado vários tipos, cuja qualidade, sabor e preço dependem do método de elaboração e da origem ou variedade das uvas empregadas.

Verifique se, no local de venda, o produto não foi armazenado perto de uma fonte de calor ou junto a produtos de limpeza e higiene, ou, ainda, se não está diretamente exposto ao sol.

Queijo e vinho?

Mais uma vez, é importante que a rotulagem traga informações em português acerca do fabricante (produtor, engarrafador e endereço do local de produção), da composição do produto, da sua data de envasamento, bem como o nome, marca, classe e número de registro no Ministério da Agricultura. Também devem constar dados sobre o conteúdo líquido oferecido ao consumidor, a graduação alcoólica e a relação de aditivos empregados e condições de armazenamento.

Seus direitos

O QUE DIZ O CÓDIGO DE DEFESA DO CONSUMIDOR?

Quem é o Consumidor?

Consumidor é a pessoa física ou jurídica (empresas, associações de bairro) que adquire ou utiliza produto como destinatário final. Exemplo: uma criança que compra um pacote de balas numa padaria; um trabalhador que almoça num restaurante.

Qual a relação de consumo que se pode ter com um alimento?

Este item recebeu atenção especial do CDC em função dos danos que pode eventualmente causar ao bem-estar físico das pessoas. Assim, a lei proíbe que se coloquem no mercado produtos que acarretam riscos à saúde e à segurança dos consumidores (arts. 6º, I, 8º, 9º e 10º). Se isso acontecer, determina que o fornecedor arque com a reparação efetiva dos prejuízos causados (art. 12). No entanto, a fiscalização desses produtos nem sempre é feita de maneira eficiente no Brasil. Por isso, o consumidor exerce um importante papel de controlador da qualidade e das boas condições dos alimentos que compra. Ele precisa, portanto, examinar cuidadosamente tudo o que vai levar para casa e, diante de fraudes ou irregularidades, não deve hesitar em denunciá-las, isoladamente ou por meio de associações, aos órgãos competentes. Esse procedimento nem sempre é fácil, embora existam diferentes órgãos que atuam na fiscalização e na normatização do setor alimentício no país.

- **O que diz a lei em relação a alimentos alterados, deteriorados, fraudados ou com sujidade?**

Alimentos que apresentam essas características são considerados pelo CDC impróprios ao uso e consumo (art. 18, § 6º, II). São, portanto, viciados, de acordo com o art. 18, e a responsabilidade por eles recai sobre o fornecedor. No caso de acidente de consumo, é dever dele indenizar e, depois, cobrar do produtor, do fabricante ou do importador (art. 12).

Importante lembrar que, geralmente, os alimentos são produtos essenciais. Portanto, em caso de vício, o consumidor não precisa aguardar 30 dias para exigir que o problema seja solucionado pelo fornecedor (art. 18, § 3º). Ele pode exigir imediatamente uma das alternativas dos incisos I, II, ou III do § 1º do artigo 18:

a. a substituição do produto viciado;

b. a restituição da quantia paga.

Se você ingeriu um produto estragado e precisa ser medicado, exija também a indenização pelos prejuízos sofridos (art. 6º VI). Se não houver solução amigável para a questão, dirija-se ao Procon ou recorra ao juizado especial cível.

- **O que é um produto *in natura*?**

É a designação dada a todo produto colocado no mercado que não sofre processamento algum, seja artesanal ou industrial, que altere suas características originais. Exemplo: frutas e verduras.

- **O que é um produto industrializado?**

É o nome que se dá aos produtos comercializados que resultam de processamento industrial ou artesanal. Exemplo: um pacote de bolachas, um suco de uva em caixinha.

- **O que diz a lei em caso de doenças provocadas por alimentos?**

A ingestão de alimentos contaminados por bactérias patogênicas ou por toxinas desses microrganismos pode provocar sintomas que incluem desde intoxicações brandas – diarréia, vômitos, dores de cabeça – até infecções mais graves, com complicações que exigem hospitalização. Cada um desses casos é considerado pelo CDC um acidente de consumo (art. 12) e o consumidor tem o direito de ser indenizado pelos danos morais e/ou patrimoniais sofridos.

Se você adoecer depois de ingerir determinado alimento e precisar consultar um médico ou ser hospitalizado, proceda da seguinte forma: faça uma reclamação por escrito ao fabricante ou ao importador – caso se trate de produto importado –, para exigir a reparação dos danos patrimoniais (gastos com médicos, hospitais e medicamentos) e morais (arts. 6º, VI e 12 do CDC). Se não houver acordo, vá ao Procon ou recorra à Justiça.

- **O que diz o CDC em relação às embalagens?**

O mercado coloca à disposição dos consumidores produtos embalados nos mais diversos tipos de materiais ou recipientes: potes de plástico, de vidro, latas, caixas de papelão comum ou longa-vida, entre outros. Quando essas embalagens estão estufadas, enferrujadas, amassadas, furadas, rasgadas ou apresentam vazamento, os alimentos que contêm são considerados viciados: podem estar estragados ou não ter mais o valor nutricional definido no rótulo. A infração fere o art. 18 do CDC: procure seus direitos.

- **O que diz a lei em relação à higiene do estabelecimento que vende alimentos?**

Supermercados, açougues, restaurantes, bares, mercearias, padarias e lanchonetes, entre outros estabelecimentos que comercializam alimentos, devem apresentar perfeitas condições de higiene para não comprometer a qualidade dos seus produtos (art. 20).

Se você notar que a limpeza de chão, das paredes, dos utensílios e aparelhos usados, bem como a higiene pessoal dos funcionários do lugar, deixam a desejar, notifique a Vigilância Sanitária.

- **O que diz a lei em relação a pesos e medidas?**

Os produtos devem vir com a medida e o peso anunciados na embalagem. Havendo diferença entre as indicações fornecidas ao consumidor e as efetivas, você pode exigir, como melhor lhe convier (art. 19):

a. o abatimento proporcional do preço;

b. a complementação do peso ou da medida;

c. a substituição do produto por outro da mesma espécie, marca ou modelo sem os aludidos vícios;

d. a restituição imediata da quantia paga (atualizada).

Envie uma reclamação por escrito ao fornecedor, exigindo uma dessas alternativas e, caso não obtenha sucesso, procure um organismo de defesa do consumidor e faça uma denúncia ao Instituto de Pesos e Medidas (Ipem).

- **O que diz o CDC em relação a produtos clandestinos?**

Produtos sem registro, sem informação sobre sua origem ou sem carimbo dos serviços de inspeção, quando necessário, são considerados viciados (art. 18). Cabe ao consumidor exigir uma das alternativas do § 1º do artigo 18:

a. substituição do produto;

b. ressarcimento da quantia paga;

c. abatimento proporcional do preço.

Importante: notifique imediatamente os serviços de inspeção. Se não conseguir fazer acordo, procure o Procon ou a Justiça.

- **O que diz o CDC em relação a rótulos de alimentos?**

Rótulos de produtos industrializados devem apresentar dados de quantidade, composição, nome e endereço do fabricante, carimbo do SIF (produtos de origem animal) ou do Ministério da Saúde (produtos de origem vegetal), data de fabricação e prazo de validade. Eles também devem estampar o nome dos aditivos utilizados, bem como uma advertência de que o processamento do produto incluiu substâncias que podem fazer mal a determinadas pessoas, como, por exemplo, glúten ou aspartame (arts. 8º, 9º e 31). No caso de produtos importados, deve ser acrescentado ao rótulo original um outro, em língua portu-

guesa, com todas as informações exigidas pela legislação nacional. Se você acaba de adquirir um produto sem estas especificações, reclame por escrito ao fornecedor, exigindo a adequação do rótulo aos termos da lei (art. 31). Em caso de não cumprimento, denuncie ao Procon e aos demais órgãos competentes para que seja aplicada uma sanção administrativa.

O que é a Vigilância Sanitária?

É a regulamentação e fiscalização, realizadas pelo governo, da qualidade sanitária de estabelecimentos produtores de alimentos, entre outros. O controle exercido pela vigilância sanitária abrange não apenas os estabelecimentos em que são fabricados esses produtos, mas também os próprios produtos acima mencionados.

Testes

- **Meus utensílios estão limpos?**

Falhas na lavagem e enxágüe de talheres e utensílios domésticos de vidro ou de metal podem aparecer se você os pulverizar, já secos, com uma mistura de sete partes de caulim para sete de farinha de trigo e duas de carbonato de magnésio. O pó vai aderir à superfície engordurada, mesmo que ela seja invisível a olho nu, mostrando, assim, o que ainda ficou sujo depois da lavagem. Estes produtos podem ser adquiridos individualmente em farmácias de manipulação e depois misturados, ou, ainda, você pode adquirir o preparado já pronto.

- **Posso usar no microondas?**

Para saber se um determinado recipiente pode ser usado no microondas, coloque-o dentro do aparelho, ao lado de um copo refratário com água. Ligue por um minuto em "potência alta". Se o vasilhame for seguro, deve permanecer frio, enquanto a água já estará quente. Se o recipiente esquentar, é sinal de que absorveu energia do microondas e não pode ser usado para aquecer alimentos. Cuidado: não faça este teste com plásticos.

- **Meu forno de microondas está vazando?**

Este teste permite detectar se o seu forno está com vazamento. Se tiver, pode provocar queimaduras de pele e catarata. Para descobrir isso, basta colocar duas maçãs – uma sobre a porta e outra em frente do aparelho. Deixe o microondas funcionando por 4 minutos, sem esquecer de colocar um recipiente refratário com água dentro dele para aquecer, para não danificá-lo. Se alguma das maçãs cozinhar inteira ou parcialmente, é sinal de que o forno está com problema. Desligue e mande para o conserto.

- **Qual a temperatura?**

Se você não tem termostato e deseja saber a quantas anda a regulagem da temperatura do seu forno, coloque dentro dele uma fatia de pão por cinco minutos. Se ele não dourar, é porque a temperatura está fraca demais. Se dourar levemente, ela está fraca. Se o pão tostar, está quente; e se queimar, é sinal de que a temperatura está demasiadamente alta.

- **A gordura está quente?**

Para saber se o óleo de fritar está no ponto, mergulhe um palito de fósforo. Quando acender, já pode começar a fritar. Importante: depois de retirar uma porção e antes de jogar a seguinte na fritura, aguarde alguns segundos para o óleo esquentar novamente. Se a gordura estiver quente demais, o alimento vai ficar cru por dentro e torrado por fora. Caso esteja fria, a fritura vai ficar encharcada.

- **Minha garrafa térmica veda corretamente?**

Antes de começar a usar sua garrafa, coloque água morna para estabilizar a temperatura e depois encha-a de água fervente. Deixe-a bem tampada por 6 horas. Abra e verifique a temperatura a que chegou. Se estiver perto de 65° C, será bom sinal.

- **Minha geladeira fecha bem?**

Com um pano seco, limpe bem toda a superfície do refrigerador em torno da borracha que corre ao longo da porta. Em seguida, com a geladeira aberta (ou o *freezer*), escorregue uma folha de papel no batente, feche a porta e puxe a folha. Se ela deslizar facilmente, é prova de que a borracha não está vedando adequadamente o aparelho. A fuga de ar frio obriga o compressor a trabalhar mais e, por conseguinte, você acaba gastando mais com energia. Leve ao conserto. Importante fazer o teste em volta de toda a porta do seu eletrodoméstico.

- **Estes ovos estão frescos?**

Mergulhe ovo por ovo num recipiente cheio de água salgada e fria (100 a 120 g de sal por litro d'água). Se ele ficar no fundo da vasilha, o alimento está fresco. Se sua parte mais larga levantar ligeiramente, o produto ainda pode ser consumido, mas já tem uns 3 ou 4 dias de vida. Se o ovo subir e ficar na posição vertical, ou se vier à superfície como se estivesse oco, dispense: ele já tem algumas semanas e está impróprio. A cor também é indicativo do frescor do alimento: ovos com casca opaca são frescos; com algum brilho, estão velhos.

- **Estes moluscos estão frescos?**

Para verificar se os moluscos estão próprios para consumo, é imprescindível que você os compre vivos. Chegando em casa, faça o seguinte: cubra-os com água numa panela e observe. Se permanecerem fechados, é sinal de que estão vivos. Se estiverem abertos, já estão mortos: devem ser jogados fora. Em seguida, leve-os para o fogo. Com o calor crescente, os que estavam vivos vão morrer e depois vão se abrir. Assim, moluscos que se abrem em água fervente podem ser levados à mesa. Os demais vão para o lixo.

- **Como escolher um bom peixe?**

Uma regra de ouro: peixe fresco não tem cheiro ruim. Se este for o caso, nem pare para olhar: está podre. Outras características que podem ajudá-lo a levar a mercadoria com mais confiança: guelras vermelhas e sem limo, olhos salientes e brilhantes, corpo rijo e pele úmida.

Glossário

- **Agente** – entidade biológica, física ou química capaz de causar doença.

- **Agente infeccioso** – agente biológico capaz de produzir infecção ou doença infecciosa.

- **Agrotóxicos** – produtos de natureza biológica, física ou química que têm a finalidade de exterminar pragas ou doenças que ataquem as culturas agrícolas. Os agrotóxicos podem ser: pesticidas ou praguicidas (combatem insetos em geral), fungicidas (atingem os fungos) e herbicidas (que matam as plantas invasoras ou daninhas).

- **Armazenamento** – ato de recolher em um depósito de mercadorias.

- **Asseio** – estado obtido pela limpeza.

- **Assepsia** – conjunto de processos através dos quais se mantém um local, ambiente ou matéria viva, livre de contaminantes.

- **Asséptico** – isento de microrganismos patogênicos.

- **Bactérias** – seres vivos, microscópicos, unicelulares, procariotas, com reprodução por divisão binária simples.

- **Bactericida** – propriedade de um agente físico ou químico de matar as formas bacterianas, patogênicas ou não. O mesmo que ***germicida***.

- **Bolor** – fungos filamentosos, multicelulares, cuja reprodução geralmente se dá através de esporos.

- **Cepa** – população de uma mesma espécie descendente de um único antepassado ou que tenha espécie descendente de um único antepassado ou que tenha a mesma origem, conservada mediante uma série de passagens por hospedeiros ou subculturas adequadas. As cepas de comportamento semelhante chamam-se "homólogas" e as de comportamento diferente "heterólogas". Antigamente empregava-se o termo de maneira imprecisa, para aludir a um grupo de organismos estreitamente relacionados entre si e que perpetuavam suas características em gerações sucessivas.

- **Condução** – técnica de propagação de calor ou frio, molécula a molécula, direcionada para alimentos pastosos ou sólidos.

- **Congelamento** – técnica de preservação de alimentos em seu estado natural. É o método mais rápido e, se congelado de maneira apropriada, o sabor e o aspecto do alimento não são alterados. O congelamento priva os microrganismos (bactérias, fungos, etc.) das condições necessárias para o seu desenvolvimento. A atividade das enzimas e bactérias que provocam deterioração é rapidamente detida. Diminui-se a temperatura do alimento até atingir de - 17° C a - 32° C.

- **Conservação** – refere-se à preservação da qualidade dos alimentos com a utilização de meios físicos ou químicos.

- **Contaminação** – introdução no meio ambiente de organismos patogênicos, substâncias tóxicas ou outros elementos, em concentrações que possam afetar a saúde humana. Condição do que está sujo ou infectado.

- **Contaminação cruzada (ou secundária)** – contaminação não direta de determinado alimento, por meio de material (equipamentos ou utensílios), indivíduo (o manipulador), ou contato com um local contaminado.

- **Contaminado** – local, equipamento, utensílio, manipulador ou produto que passou a conter um determinado microrganismo, substância tóxica ou outros elementos, em concentrações que possam afetar a saúde humana.

- **Controle** – aplicado a doenças transmissíveis e algumas vezes não transmissíveis, reúne um conjunto de operações ou programas desenvolvidos com o objetivo de reduzir sua incidência e/ou prevalência a níveis muito baixos.

- **Decomposição** – casos em que a degradação das proteínas e substâncias nitrogenadas não protéicas é aeróbia, com oxidação dos produtos metabólicos.

- **Degelar** – descongelar.

- **Descongelar** – ato ou efeito de aumentar a temperatura de um determinado produto eliminando as características de resistência produzidas pelo congelamento.

- **Desinfecção** – procedimento usado em material ou ambiente que provoca a destruição de microrganismos patogênicos e a inativação de vírus, mas não necessariamente esporos. Utilizam-se meios físicos ou agentes químicos.

- **Desinfetante** – preparação química que destrói os microrganismos patogênicos, inativa os vírus, mas não necessariamente mata os esporos. Usado em superfícies e objetos inanimados.

- **Deterioração** – alteração ocorrida em alimentos por fatores de natureza física, química ou biológica.

- **Doença Veiculada por Alimentos** (**DVA**) – conjunto de enfermidades humanas ou animais, de origem microbiana, física ou química (tóxica), cujo veículo de transporte do agente contaminante é o alimento.

- **Embutidos** – produtos cárneos acondicionados dentro de materiais envolventes, naturais ou não (tripas, bexigas).

- **Enlatados** – alimentos vegetais ou animais acondicionados em latas.

- **Esporos (bactérias)** – forma de resistência de bactéria contida em envoltório protetor que possibilita a sobrevida no meio externo por meses ou anos.

- **Esporos (fungos)** – uma das formas de reprodução dos fungos, células iniciais de novos indivíduos.

- **Esterilização** – processo usado em material ou ambiente que provoca a destruição de todos os microrganismos patogênicos ou não, inclusive esporos e vírus por meio físico ou preparações químicas.

- **Esterilizante** – agente físico ou preparação química que produz esterilização.

- **Fungicida** – substância ou preparação química que mata os fungos patogênicos ou não.

- **Fungo** – organismos macroscópicos ou microscópicos, eucariotas, divididos em bolores e leveduras.

- **Imunodeficientes** – indivíduos que apresentam baixa resistência imunológica.

- **Infecção** – penetração, alojamento e, em geral, multiplicação de um agente etiológico animado no organismo de um hospedeiro, produzindo-lhe danos, com ou sem aparecimento de sintomas clinicamente reconhecíveis. Em essência, a infecção é uma competição vital entre um agente etiológico animado (parasita *sensu lato*) e um hospedeiro; é, portanto, uma luta pela sobrevivência entre dois seres vivos, que visam a manutenção de sua espécie.

- **Microbiologia** – estudo das formas de vida microscópicas, como bactérias, fungos, vírus, protozoários e helmintos.

- **Microondas** – forno que produz ondas eletromagnéticas com comprimento entre 1 e 300 mm. No interior do forno de microondas, uma onda eletromagnética com freqüência de 2450 MHz é gerada por um magnétron e irradiada por uma antena metálica (ventilador) para o interior do compartimento onde estão os alimentos. Mediante o processo de ressonância, essa onda é absorvida pelas partículas de água existentes nos alimentos a serem aquecidos. A energia absorvida aumenta a vibração das partículas, produzindo o aquecimento dos alimentos.

- **Microrganismos** – organismos vivos e microscópicos, isto é, não visíveis a olho nu.

- **Pasteurização** – processo de desinfecção utilizado geralmente para alimentos, como, por exemplo, o leite, que é submetido a aquecimento a 63/65°C durante 30 minutos (ou a 73/75°C, durante 15 minutos), baixando a temperatura imediatamente para 20 a 50°C.

- **Patogênicos** – agentes biológicos que causam doenças em seres vivos.

- **Patogenicidade** – capacidade de um agente biológico causar doença em um hospedeiro suscetível.

- **Patógeno** – agente biológico capaz de causar doenças.

- **Perecível** – facilmente deteriorável. Por exemplo, certas mercadorias como laticínios, peixe, carnes e frutas.

- **Pesticida** – substância que tenha o objetivo de evitar, destruir, atrair, repelir ou controlar qualquer praga, inclusive as espécies não desejadas de plantas e animais, durante produção, armazenamento, transporte, distribuição e processamento de alimentos, produtos agrícolas ou ração animal. O termo inclui as substâncias usadas como reguladores do crescimento de vegetais, desfolhantes, desidratantes, agentes branqueadores de frutas, inibidores de germinação e substâncias aplicadas nas plantações, antes ou após a colheita do alimento, para proteger contra a deterioração durante armazenamento e transporte. A denominação não abrange os fertilizantes, nutrientes vegetais e animais, aditivos alimentares e medicamentos animais.

- **Prazo de validade** – data limite para a utilização de um produto com garantia das especificações estabelecidas, com base na sua estabilidade.

- **Protozoário** – organismos eucariontes, que compreendem mais de 50.000 espécies, muitas das quais são aparentadas entre si.

- **Putrefação** – processo deteriorativo resultante da utilização anaeróbia das proteínas e substâncias nitrogenadas não protéicas.

- **Refrigeração** – ato de tornar frio um alimento através da utilização de um equipamento refrigerador, por exemplo, uma geladeira.

- **Resfriamento** – ato de abaixar a temperatura de alimentos aquecidos até a temperatura ambiental.

- **Termoestável** – que resiste a temperaturas elevadas.

- **Toxina** – proteínas ou substâncias protéicas conjugadas, letais para certos organismos. As toxinas são produzidas por algumas plantas superiores, por determinados animais e por bactérias patogênicas. O alto peso molecular e a antigenicidade das toxinas as diferenciam de alguns venenos químicos e alcalóides de origem vegetal.

- **Transmissão** – transferência de um agente etiológico animado de uma fonte primária de infecção para um novo hospedeiro. A transmissão pode ocorrer de forma direta ou indireta.

- ***Up take*** – entrada ou absorção da água de lavagem através dos tecidos ou talos e áreas abertas ou cortes na pele de alimentos (hortaliças, legumes, ovos).

EDITORA GLOBO

Coordenador (TV Globo para a série Fantástico): Alberto Villas
Editores de texto da série no Fantástico: Eduardo Acquarone e Márcia Dal Prete
Editores de imagem da série no Fantástico: Jae Ho Ahn e Ricardo Pudim

Edição de texto: Marleine Cohen
Revisão de texto: Rosane Albert
Ilustrações: Fernando Gonsales
Foto do dr. Bactéria, contracapa: Maria Clara Villas

EDITORA GLOBO S.A.
Av. Jaguaré, 1485 – São Paulo, SP, Brasil
05346-902
www.globolivros.com.br

Dados Internacionais de Catalogação na Publicação (CIP)
(Câmara Brasileira do Livro, SP, Brasil)

Figueiredo, Roberto Martins
Dr. Bactéria em Tá Limpo / Roberto Martins
Figueiredo, Roberta Belluomini;
[ilustrações Fernando Gonsales]. -- São Paulo :
Globo, 2007.

ISBN 978-85-250-4161-0

1. Bactérias 2. Desinfecção 3. Higiene
4. Saneamento I. Belluomini, Roberta Vaz.
II. Gonsales, Fernando. III. Título.

07-3544 CDD-363.72

Índices para catálogo sistemático:
1. Bactérias : Combate : Cuidados com a limpeza :
Bem-estar social 363.72
2. Limpeza : Cuidados : Combate às bactérias :
Bem-estar social 363.72